LA COPA OLVIDADA

Historia de la Copa Mitropa, la madre de la Liga de Campeones (1927-1940)

JO ARAF

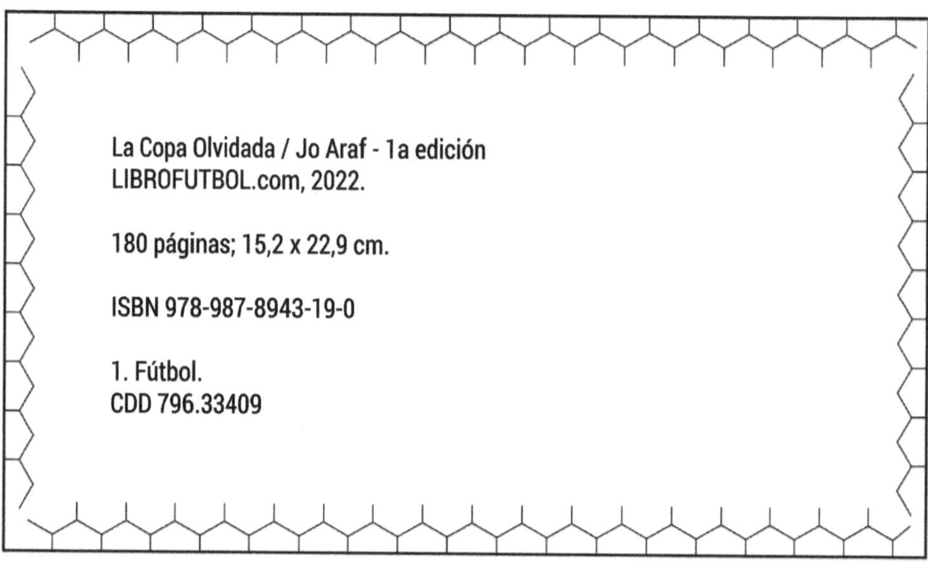

La Copa Olvidada / Jo Araf - 1a edición
LIBROFUTBOL.com, 2022.

180 páginas; 15,2 x 22,9 cm.

ISBN 978-987-8943-19-0

1. Fútbol.
CDD 796.33409

LA COPA OLVIDADA
de Jo Araf

Cubierta: Luciano Medvetkin	Foto del autor: © Jo Araf
© 2022 – JO ARAF © 2022 – LIBROFUTBOL.com	Todos los derechos reservados

No se permite la reproducción parcial o total, el almacenamiento, el alquiler, la transmisión o la transformación de este libro, en cualquier forma o por cualquier medio, sea electrónico o mecánico, mediante fotocopias, digitalización u otros métodos, sin el permiso previo y escrito por el editor. Su infracción está penada por la ley.

ISBN 978-987-8943-19-0	1ª edición: septiembre 2022

 ediciones@librofutbol.com

 +54 9 11 2215 1982

librofutbol

Av. del Libertador 6898 - Núñez - Ciudad de Buenos Aires - Argentina

A mis padres

ÍNDICE

INTRODUCCIÓN

Los aficionados al fútbol contemporáneo quizá se sorprendan al saber que la Mitropa, una versión de antaño de la Liga de Campeones, era en realidad un asunto reservado a los clubes de algunos países, a excepción de Italia, que ya han desaparecido del mapa del fútbol. De hecho, países como Austria, Hungría y Checoslovaquia no evocan en la mayoría muchos recuerdos futbolísticos a lo largo de las décadas. De la misma manera, les puede extrañar que el fútbol europeo estuviera dominado hace casi 100 años por equipos que ahora han caído en el olvido. Una rápida mirada al palmarés de la Mitropa revela la ausencia de los equipos alemanes, españoles, holandeses o ingleses[1] que dominarían la escena después de la Segunda Guerra Mundial. Además, cuando los aficionados piensan en la Mitropa, su mente tiende a remontarse a las ediciones más recientes, las disputadas entre 1979 y 1992 y reservadas a los mejores equipos de las respectivas ligas de Segunda División. El evento, que en cada nación europea adoptó uno o varios nombres diferentes[2] —en los periódicos italianos, por ejemplo, se rebautizó como Coppa Europa—, tomó su nombre de la empresa alemana Mitropa AG, fundada en 1916, que gestionaba los coches cama y los comedores de los trenes que recorrían Europa Central[3]. A partir de los años 20, Mitropa AG comenzó a patrocinar eventos deportivos, aunque de forma indirecta y concediendo descuentos, y con la fundación del trofeo homónimo adquirió un cliente hasta entonces inédito: el aficionado que viajaba a través del con-

---

1   El fútbol británico es un ejemplo de ello: habiendo nacido unas tres décadas antes que el fútbol europeo y considerándose de un nivel superior en aquella época, Inglaterra no habría contemplado la posibilidad de participar en las competiciones internacionales del momento.

2   El nombre oficial de la competición era La Coupe de l'Europe Centrale y fue estampado por los joyeros encargados de fabricar el trofeo. Sin embargo, en ninguno de los países participantes el torneo se llamó así. En Austria era Mitropapokal, en Hungría, Mitropa Kupa o Középeurópa Kupa (KK), y en Checoslovaquia, Středoevropský pohár.

3   Por comodidad, a partir de ahora lo llamaremos el torneo Copa Mitropa.

tinente para asistir a los partidos de su equipo fuera de casa. Sin embargo, es necesario hacer algunas aclaraciones: si bien el torneo fue de hecho un progenitor de la Liga de Campeones, esta última gozaría más tarde de una resonancia mucho mayor, debido a una diferente exposición mediática. Un papel clave en la ralentización de la metamorfosis del fútbol en un producto internacional de pleno derecho lo desempeñaron también las publicaciones deportivas de la época: impregnadas de propaganda y fuertemente influenciadas por las inestables relaciones políticas y diplomáticas de aquellos años, dispensaban ríos de tinta para glorificar a sus propios clubes, mientras ocultaban a menudo los éxitos de los equipos de los países rivales. Esto sucedía por dos razones: por un lado, había que celebrar el deporte local y, por el otro, el interés de los aficionados por las ligas y competiciones extranjeras era en aquella época un fenómeno marginal, algo que solo se consolidaría unos años más tarde. Un buen ejemplo de ello es la crónica de la primera Copa del Mundo de la historia, disputada en Uruguay, en la que Italia, como el resto de las principales potencias futbolísticas europeas, no participó. El 31 de julio de 1930, al día siguiente de la final entre Uruguay y Argentina, La Gazzetta dello Sport, el principal diario deportivo italiano, dedicó un pequeño artículo al partido, de unas diez líneas en la última página y nada más, mientras que en la portada aparecía un artículo sobre los futbolistas y remeros italianos que estaban a punto de comenzar el Campeonato Mundial Universitario. Asimismo, el día de la final, en la edición del entonces semanario Guerin Sportivo, se publicó un artículo titulado Argentineide. La pieza mencionaba a dos jugadores que iban a participar en el desafío, Juan Evaristo y Guillermo Stabile, pero no como protagonistas del evento del día, sino por los rumores que apuntaban a que ambos, al finalizar la competición, se irían a la Roma y al Génova[4]. En general, el Mundial de Uruguay fue objeto de artículos escasos y con pocos detalles. La misma tendencia se aplicó, al menos durante los primeros años, a los partidos de la Mitropa. A excepción de La Gazzetta dello Sport, ningún periódico italiano se dedicó a las dos primeras ediciones del evento, las de 1927 y 1928, debido a la ausencia de equipos italianos. Y el propio Gazzetta ignoraba en muchos casos los informes del día siguiente. Esta actitud cambiaría considerablemente a partir de 1929[5], año que marcó el inicio de la participación italiana.

Debido a las vicisitudes políticas de la época, la tensión era a menudo palpable no solo en los periódicos, sino también en los terrenos de juego: cuando los equipos italianos jugaban contra sus rivales austriacos, húngaros o checoslovacos, los partidos enfrentaban a menudo a chicos que habían quedado huérfanos durante la Gran Guerra. Este fue el caso, entre otros,

---

4   Dos aclaraciones: 1. La negociación por Juan Evaristo nunca se llevó a cabo. 2. Lo he llamado Génova porque en la época fascista los periódicos se referían a la formación ligur como Génova.

5   La edición de 1929 fue la primera en la que participaron equipos italianos tras la introducción del campeonato a una sola vuelta.

de dos de los campeones más representativos de la época: la estrella de la Ambrosiana, Giuseppe Meazza, y su némesis austriaco, Matthias Sindelar. A pesar de estas circunstancias, cuando comenzó la competición, los periódicos italianos no ocultaron sus sentimientos: el fútbol de la Europa Central, el que se jugaba a lo largo del Danubio, en particular en Austria, Hungría y Checoslovaquia, y que los italianos llamaban calcio danubiano, era el modelo a seguir. El Rapid Viena, por ejemplo, fue calificado como el equipo a batir, y una derrota ante un equipo italiano no sería una desgracia. Pero hay otro fenómeno que atestigua la consideración que el fútbol italiano tenía hacia el fútbol centroeuropeo: el gran número de entrenadores nacidos bajo el Imperio Austrohúngaro que entrenarían en Italia durante las décadas de 1920 y 1930. En todas las temporadas entre 1927 y 1939, se sentaron en los banquillos de los clubes italianos más entrenadores danubianos que italianos. Esto llevó a una interpenetración entre el estilo de juego italiano, de carácter puramente defensivo e inspirado en la escuela inglesa llevada a cabo por Vittorio Pozzo, y el estilo de juego centroeuropeo, que favorecía un juego ofensivo de pases cortos tomado de los entrenadores escoceses —y en algunos casos de los entrenadores ingleses pero partidarios del modelo escocés— que se habían instalado en el continente a lo largo de los años anteriores. La tendencia a preferir a los entrenadores húngaros y austriacos disminuyó ligeramente —sin desaparecer— en los primeros años después de la Segunda Guerra Mundial, en parte por las relaciones entre Italia y Austria, y en parte por los triunfos que Vittorio Pozzo había logrado con la selección italiana. La victoria en dos Copas del Mundo, dos Copas Internacionales y los Juegos Olímpicos de Berlín[6] hizo que varios clubes se pasaran al estilo de juego italiano.

En comparación con la actual Liga de Campeones, también había diferencias en las reglas: si ambos equipos marcaban el mismo número de goles en el partido de ida y en el de vuelta, se celebraba una eliminatoria, o play-off. Y si al final de la eliminatoria el resultado seguía siendo de empate, se jugaría una segunda, ya que aún no existían los penaltis. Sin embargo, el formato, a pesar de algunas variaciones en el número de equipos participantes y en el número de federaciones implicadas, mantendría su consistencia a lo largo del tiempo. Nunca contó con grupos y en algunas ediciones se introdujo una ronda preliminar. A lo largo de los años se produjeron otros cambios organizativos y políticos que influyeron en el desarrollo del torneo, como la apertura de la competición a siete federaciones en 1937 —año en que la Copa Mitropa adquirió más o menos las características de la actual Liga de Campeones— o el Anschluss de 1938, que coincidió con la exclusión de los equipos austriacos y, por razones de

---

6   Los Juegos Olímpicos de Berlín fueron un ejemplo de ello: enfrentaron a jugadores que no gozaban de la condición de profesionales y, por tanto, no eran los mismos que los que competían en la Copa del Mundo y otras competiciones.

conveniencia política, también de los suizos. Luego, en 1940, debido a los vientos de guerra que soplaban cada vez más amenazantes en Europa, el evento se suspendió.

Pero para explicar mejor el panorama futbolístico europeo de la época, es necesario hacer un breve excursus histórico, que comienza con la llegada del balón —foot-ball— a Europa, continúa con el advenimiento del fútbol profesional, y culmina, por así decirlo, con el nacimiento de los primeros eventos internacionales.

CAPÍTULO 1

DE AMATEUR A PROFESIONALES: GÉNESIS Y EVOLUCIÓN DEL FÚTBOL EUROPEO

De hecho, el fútbol internacional echó raíces en Europa casi al mismo tiempo que el fútbol local. El primer intento de crear una competición entre clubes de distintas naciones se remonta a 1897, pocos años después de la aparición de los primeros equipos de fútbol en la Europa continental. La Challenge Cup, o Challenge Kupa, como se llamaba en Budapest, fue fundada en Viena por John Gramlick, un destacado miembro del Vienna Cricket and Football Club. El torneo adoptó un formato de eliminatorias desde la primera edición y comenzó como una especie de evento progenitor de la Copa de Viena, para transformarse unos años después en una competición abierta a los mejores equipos reunidos bajo la corona de los Habsburgo. A pesar de las nobles intenciones de los fundadores, el juego limpio no siempre prevaleció en el campo: debido al creciente sentimiento antiaustriaco en las distintas provincias del Imperio, los partidos a menudo acababan en peleas. Los organizadores habían decidido que la copa se entregaría de una vez por todas en cuanto un equipo la ganara por tercera vez, pero luego cambiaron de idea y decidieron continuar después de 1904, año que coincidió con el tercer éxito del Wiener AC. También se acordó que el campeón defensor podría conservar la copa hasta primero de abril del año siguiente y que al final del torneo los ganadores recibirían una medalla de oro cada uno. Mientras que los equipos de Budapest y Praga participaban gratuitamente como visitantes, los equipos de Viena tenían que pagar una cuota de inscripción de 20 coronas. El año clave hacia una competición con sabor internacional fue 1901. Dos equipos bohemios, el Ceski AFC y el Slavia de Praga, compitieron en Praga para decidir cuál de los dos se enfrentaría ìl campeón austriaco en Viena. El Slavia ganó y seis meses después los rojiblancos jugaron la final contra el WAC. Era la primera vez que dos equipos europeos se enfrentaban en un partido oficial del trofeo. El partido se saldó con un 1-0 a favor de los austriacos gracias a un gol de Josef Taurer, un jugador hoy olvidado que coleccionó algunos récords respetables: solo 13 días antes, Taurer había marcado el primer gol de la historia de la selección austriaca contra Suiza, y al año siguiente haría lo mismo contra Hungría en un partido reconocido oficialmente. La edición de 1902 fue la primera a la que se invitó a equipos de Budapest, y unos años más

tarde se presentaría un representante de Moravia, el DFC Brno, y un equipo de fuera del Imperio, los alemanes del VFB Leipzig, dos clubes hoy desaparecidos, pero que en aquella época figuraban entre los mejores del continente. La Challenge Cup fue también el escaparate para que las primeras estrellas del firmamento danubiano se hicieran un nombre y fueran adoradas por sus aficionados. En Budapest, por ejemplo, idolatraban a Imre Schlosser, que más tarde se convertiría en uno de los delanteros más prolíficos de la historia del fútbol, y a Gáspar Gazsi Borbás, a quien el portero del FTC y de la selección nacional, Alajos Fritz, dedicó un poema en el que lo pintaba como el alma de su equipo y el mejor jugador húngaro. Por su parte, los aficionados austriacos habían cultivado la adoración por Jan Studnicka, la estrella de la WAC, conocido por su irresistible regateo y sus piernas deformadas, a menudo representadas por los caricaturistas de la época; Ludwig Hussak, estrella del Club de Cricket y Fútbol de Viena y capitán de la selección nacional austriaca; y Willy Schmieger. Schmieger, que se convertiría en el locutor deportivo más conocido del país en los años de entreguerras, era entonces delantero del Wiener Sport-Club, con el cual ganó la Copa en 1911[7]. La Challenge Cup se jugó hasta 1911, a pesar de una suspensión temporal entre 1906 y 1908. Los partidos, que en aquella época no eran muy concurridos, se disputaban en su mayoría en terrenos irregulares y sin mantenimiento. De vez en cuando se producían incidentes curiosos que se convertirían en habituales a lo largo de los años. Por ejemplo, cuando un balón, que para muchos era una auténtica reliquia, salía del área de juego, algunos aficionados intentaban quedárselo, lo que provocaba el enfado de los jugadores, que estaban ansiosos por reanudar el juego. La competición fue siempre ganada por equipos de Viena, excepto en un caso, en 1909, cuando el conjunto vencedor fue el FTC, más tarde conocido como Ferencváros. La prensa local comentó así esa victoria:

"La FTC consiguió llevar la copa a Hungría tras una lucha muy intensa. El equipo tuvo que enfrentarse a tres rivales muy fuertes en una semana y jugó sin Rumbold. Además, el principal problema del ataque era que Seitler estaba enfermo. Por ello, se esforzó en seguir el balón, pero no pudo hacer mucho más. La defensa estuvo excelente, especialmente Fritz".

El árbitro de aquel partido era Hugo Meisl, exfutbolista y verdadero deus ex machina y visionario del fútbol de la época, el hombre que más que nadie trabajaría para hacer del fútbol un negocio y un producto de masas tal y como lo conocemos hoy. Un personaje sin el cual este libro probablemente nunca habría visto la luz. Para que el fútbol fuera tan popular en la Europa continental como en Inglaterra, Meisl y algunos de sus colegas solían invitar a los equipos británicos a jugar partidos amistosos en el Viejo Continente. El fútbol inglés se adelantó 30 años a su tiempo y Viena y sus alrededores eran

---

7   Empleado de la RAVAG, Schmieger fue uno de los pioneros europeos en el campo de los comentarios deportivos por radio, y una figura controvertida. Sin embargo, en este libro solo mencionaré su contribución al juego del fútbol.

conscientes de ello, hasta el punto de que cada vez que un equipo inglés o escocés se enfrentaba a uno centroeuropeo, el público llenaba a los campos de juego. La primera vez que un equipo inglés viajó a Viena fue el domingo de Pascua de 1899, cuando el Oxford University derrotó a una selección local por 15-0. El partido se repitió al día siguiente, pero el resultado fue casi idéntico: 13-0 para los visitantes. Fueron años en los que la brecha entre los maestros ingleses y sus alumnos europeos era evidente, tanto a nivel colectivo como individual. Desde cierto punto de vista, estas derrotas también fueron formativas: Robinson, por ejemplo, el portero del Southampton, sería recordado e imitado en Viena durante mucho tiempo por sus colegas locales. Gracias a su agilidad innata, el guardameta podía lanzarse de un lado a otro de la portería y neutralizar los disparos bajos de los adversarios. Este tipo de salvada marcaría la escuela vienesa y sería rebautizada como la Robinsonade. Con el paso de los años, la diferencia se hizo cada vez más pequeña, lo que dio a los equipos locales la oportunidad de llevarse alguna que otra satisfacción. Algunas actuaciones individuales no pasaron desapercibidas y, en una ocasión, un club británico, el Glasgow Rangers de Escocia, decidió ofrecer un contrato al portero del First Vienna Karl Pekarna tras un partido amistoso en la capital austriaca. Fue el primer jugador europeo en llegar al Reino Unido, aunque esa etapa se vio truncada tras un solo partido: Pekarna fue considerado no apto para defender los colores del Rangers y fue enviado de vuelta. Gracias a los esfuerzos de Hugo Meisl, que como recordó su hermano Willy en su obra Soccer Revolution había dilapidado una pequeña fortuna en la organización de partidos amistosos entre equipos vieneses y extranjeros, las giras de equipos ingleses a Europa continental se hicieron más frecuentes, y en 1905 un minitorneo mixto acabaría en una final exclusivamente británica. El Tottenham y el Everton se enfrentaron ante una multitud récord de 10 000 espectadores. Probablemente fue entonces cuando Meisl se dio cuenta de que estaba en el camino correcto. Haría cualquier cosa para promocionar el desarrollo del fútbol, y en 1912, cuando Austria participó en los Juegos Olímpicos de Estocolmo (el primer evento en el que el fútbol se convirtió en una disciplina realmente respetada), Austria acudió a Suecia con un entrenador inglés. Se llamaba James "Jimmy" Hogan y en los años siguientes daría forma al fútbol europeo como pocos[8]. A pesar de ser inglés, Hogan decidió importar la filosofía del fútbol escocés, conocida en el Reino Unido como passing game o combination soccer[9]. El fútbol danubiano, en contraste con el estilo inglés del kick and rush —patadas y carrera—, implicaba una fuerte cohesión entre líneas, un énfasis en los pases cortos y un sistema de juego, el 2-3-5, conocido como el Método, que se arraigaría en los distintos países centroeuropeos sin distinción. Incluía dos defensas

---

8   La figura de Jimmy Hogan y su impacto en el fútbol europeo es objeto de debate. Sin embargo, el entrenador es citado por la mayoría como uno de los padres del fútbol continental.

9   En Austria, pronto pasaría a llamarse *Donaufußball*.

—half backs, derecho e izquierdo, que hoy serían defensas centrales—, una línea de tres en el mediocampo formada por el center-half y los halves derecho e izquierdo, dos extremos, los wingers, normalmente exentos de tareas defensivas, y los forwards, entre los cuales estaban los inside forwards, o delanteros internos, y el center forward, o delantero centro. Las características del delantero centro danubiano eran diferentes a las de los delanteros centro ingleses: era algo entre un falso nueve y un número diez que podía recibir el balón entre los pies y enviar a sus compañeros de ataque, los inside forwards, que actuaban como verdaderos delanteros, a la red. Hogan procedía del equipo holandés de Dordrecht y llegó a Viena a instancias de Hugo Meisl. Meisl, tras un decepcionante partido amistoso entre Austria y Hungría que había acabado en empate, había preguntado a Howcroft, el árbitro de aquel encuentro, si conocía a un entrenador que pudiera dirigir a su selección y el consejo de Howcroft recayó en su compatriota Hogan, de 28 años en aquel momento. En Suecia, los jugadores austriacos, Hogan y Meisl —que estuvo presente como árbitro— pudieron comprobar cómo evolucionaría el fútbol en los años siguientes. Meisl también había conocido a su némesis italiano, Vittorio Pozzo, una figura con la que compartiría el escenario europeo en años posteriores.

Sin embargo, los grandes avances que estaba dando el incipiente movimiento futbolístico se vieron frustrados solo dos años después por el estallido de la Gran Guerra. El conflicto enfrentó a naciones que solo unos años antes habían empezado a forjar sus primeras relaciones deportivas. No solo eso, sino que el 28 de julio de 1914, el día en que el Imperio Austrohúngaro declaró la guerra a Serbia, muchos de los pioneros ingleses y de los que habían dado un importante impulso al juego del fútbol a lo largo de los años se convirtieron en "personas no gratas", "enemigos en suelo extranjero", y fueron, en consecuencia, hechos prisioneros. Este fue, entre otros, el caso de Hogan: solo dos días antes del inicio del conflicto, el entrenador había acudido al consulado británico en Viena para preguntar si él y su familia debían regresar a Inglaterra a toda prisa. Contó que le aseguraron que no había ningún peligro real, pero dos días después se declaró la guerra: lo sacaron de su casa en plena noche y lo metieron en una celda "junto a ladrones y asesinos". Una suerte similar corrieron otros futbolistas británicos que habían contribuido al desarrollo del fútbol europeo en años anteriores. Entre ellos se encontraban John Cameron, entonces entrenador del Dresdner, Steve Bloomer, entrenador del Britannia Berlín 92 y John Pentland, que acababa de llegar a Alemania para dirigir la selección alemana que participaría —o más bien habría tenido que participar— en los Juegos Olímpicos de 1916. Los tres fueron enviados al campo de trabajo de Ruhleben, no lejos de Berlín. Aquí, junto con otros reclusos del mundo del fútbol, crearon una liga muy popular. Afortunadamente, ninguno de estos acontecimientos personales terminó en tragedia: se dice que Bloomer, por ejemplo, dijo que la vida en Ruhleben no era tan terrible y que a menudo tenía la sensación de que lo era más para los guardias que para los reclusos, que gozaban de algunas pequeñas libertades como la posibilidad de realizar actividades deportivas. Hogan fue salvado por los hermanos Blyth, uno de los cuales, Ernest, había sido fundador del Vienna Cricket Club. Los Blyth eran dos ingleses adinerados que habían conseguido su libertad pagando unas 1000 libras a la Cruz Roja austriaca. Permitieron que Hogan trabajara en su propiedad, en donde realizaba varias actividades, entre ellas era instructor de tenis para sus hijos, mientras mantenía informada a la policía local. La suerte de otros deportistas no fue tan halagüeña, como atestiguan las diversas víctimas que el mundo del fútbol lloró en aquellos años. Algunos de ellos eran atletas olímpicos, a los que Meisl y Pozzo, que habían servido en bandos opuestos en el frente, habían conocido y admirado unos años antes en Estocolmo. A pesar de las reverberaciones de la Gran Guerra, el fútbol no empezó de cero al final del conflicto armado: se había jugado en los campos de trabajo, cerca de las trincheras, y cada vez que los soldados tenían la posibilidad de descansar de la rutina de la guerra. Hugo Meisl pudo así retomar sus planes donde los dejó. Había odiado su experiencia en el frente y se proponía crear un sistema que no solo fomentara la sana competencia deportiva, sino que también sirviera de vínculo entre los pueblos, un sistema que permitiera a los jugadores ganarse la vida con sus actuaciones en el campo, y a los clubes y federaciones explotar la pasión de los aficionados con fines comerciales. Así, en la Europa de entreguerras, el fútbol se convirtió en el deporte más popular del continente. Se hablaba de fútbol tanto en las calles como en las oficinas y lugares públicos. En Viena y Budapest la discusión sobre el fútbol tomó un cariz mucho más intelectual que en Inglaterra. Mientras que en Londres y sus alrededores todo lo relacionado con el fútbol se discutía en los pubs, durante unos minutos con una pinta de cerveza en la mano, en las grandes metrópolis que habían formado parte del Imperio se hablaba de fútbol en los cafés, lugares en los que hasta hace poco se reunía gente de toda condición para hablar de música, literatura, cine y teatro. Esta nueva forma de abordar una conversación sobre fútbol, sentándose y tomándose su tiempo, daba a los participantes la oportunidad de profundizar en análisis específicos sobre táctica, técnica, roles y otros temas relacionados. Los cafés eran también lugares en los que se ensalzaban las hazañas de las primeras verdaderas estrellas —que en Viena eran conocidas como Kanonen— del panorama futbolístico europeo, verdaderos iconos comparables a los del cine y de la música. Pero también surgió otra tendencia: el mercado del fútbol. De hecho, el primer traspaso de un jugador de un club a otro en Europa se remonta a 1913, cuando el Génova se hizo con los servicios del defensa del AC Milan, Renzo De Vecchi, entonces apodado Il Figlio di Dio —El Hijo de Dios—, por unos pocos miles de liras. Sin embargo, no fue hasta principios de la década de 1920 cuando el fenómeno se intensificó, sobre todo en el eje Hungría-Austria, cuando los clubes más ricos de Viena, el Austria Viena —entonces Wiener Amateur Sportverein— y el Hakoah, ficharon a campeones húngaros como Alfréd Schaffer —apodado El Rey del Fútbol—, Kálmán Konrád, Jenő Konrád, Béla Guttmann, Ernő Schwarz y József Eisenhoffer. El fútbol, aunque a nivel no oficial, se había

convertido en un negocio, y algunos clubes, al carecer de fuerza económica para competir, se vieron obligados a vender gran parte de sus mejores jugadores, y pronto acabarían en la parte baja de la tabla de clasificación, o incluso en las divisiones inferiores. Hugo Meisl tenía claro que se daban todos los ingredientes para que el fútbol diera un gran salto del modelo amateur al profesional. El temor de muchos clubes centroeuropeos era no poder hacer frente a los costes que supondría este modelo, como los salarios, los gastos de publicidad y el coste de mantenimiento de las instalaciones de juego, aunque los beneficios también aumentarían debido a la mayor asistencia a los partidos y al precio de las entradas. Hugo Meisl recordó que "la práctica de pagar los salarios de los futbolistas ya había comenzado en los años de la guerra", aunque se hacía de forma no oficial y normalmente como reembolso de gastos. La primera liga profesional de Europa Central se creó en Austria a principios de la temporada 1924/25, un año antes que en Checoslovaquia y dos años antes que en Hungría. Sin embargo, los temores expresados por algunos clubes se concretaron casi de inmediato, y mientras los clubes más grandes de la capital se reforzaron al poder adquirir jugadores de los clubes más pequeños, estos últimos pasaron apuros hasta el punto de llegar a la quiebra. El mercado del fútbol se hizo así oficial. Un artículo publicado en Sport-Tagblatt explicaba cómo funcionaba:

"Un contrato puede durar 6 o 12 meses. Los objetivos y las primas están incluidos en el contrato y el salario mínimo mensual debe ser de 500 000 coronas para la primera división, y de 300 000 para la segunda. En cuanto a los traspasos, el sistema es que una gran parte de la suma va a parar al jugador, aunque depende en gran medida del número de años que haya jugado en el club vendedor. La base es un 10% para el jugador, que aumenta un 10% más con cada año que pasa. Esto significa, por ejemplo, que después de cinco años de juego, el 60% de la suma es para el jugador".

El nuevo sistema entró en vigor y las vehementes protestas de algunos clubes y jugadores no sirvieron de nada. Algunos de ellos se reunieron en Viena bajo el Hotel Post y protestaron contra la decisión. La acusación era que se había impuesto un nuevo sistema sin el consentimiento de los afectados, que ahora se veían obligados a elegir entre su profesión y el fútbol. Un ejemplo de ello fue el caso de los hermanos Konrád, Kálmán y Jenő. Los dos jugadores, que entretanto habían emprendido carreras fuera del fútbol, Jenő como empleado en un banco y Kálmán en el sector financiero, querían seguir jugando al fútbol al mismo tiempo y obtener así un segundo ingreso. Y en una época tan incierta, dominada por los problemas financieros, renunciar a un trabajo fijo y remunerado para dedicarse por completo al fútbol parecía una gran apuesta. El asunto no se resolvió y los Konrád, que estuvieron apartados durante varios meses, fueron vendidos al First Vienna en la primavera siguiente[10]. Para intentar resolver estos problemas, se formó

---

10   A pesar de estos roces, Kalmán Konrád volvería al Wiener Amateur en seis meses, y Jenő, con problemas de rodilla, colgaría las botas.

el primer sindicato de derechos de los futbolistas en la Europa continental, bajo el liderazgo de Josef Brandstetter, centrocampista y capitán del Rapid Viena. El mundo del fútbol se dividía así en dos y Hugo Meisl, que sin embargo contaba con el apoyo de viejos y nuevos acólitos, tenía en mente dos competiciones, una para los equipos de club, la Copa Mitropa, reservada a los mejores equipos centroeuropeos, y otra para las selecciones nacionales, la Copa Internacional, un buen antídoto para las heridas no del todo cicatrizadas de los años anteriores. Sin embargo, el objetivo principal seguía siendo económico. Meisl tuvo la idea decisiva al final de un partido amistoso entre el First Vienna y el Slavia Praga en el estadio Hohe Warte. Solo asistieron 3000 espectadores, un número reducido para un partido de ese nivel. La razón es que en los años de entreguerras, mientras que los partidos nacionales atraían a un gran número de espectadores, no se podía decir lo mismo de los partidos de clubes. Varios directivos del fútbol de la época habían propuesto una competición europea para clubes, en primer lugar Henrik Fodor, presidente de la federación húngara y gerente del MTK, que propuso una miniliga con partidos de ida y vuelta. Meisl, que no había apoyado la propuesta de Fodor, en parte porque no incluía a los equipos checoslovacos, desarrolló otra idea: hacer el mismo torneo, pero con un formato de eliminatoria al estilo de la Challenge Cup, y a la vez introduciendo —una novedad absoluta— partidos de ida y vuelta. Esta fórmula encontró mucha más aprobación, aunque algunos sugirieron más cambios: Edwin Herzog, presidente del Sabaria húngaro, quería crear una competición paralela para involucrar a los clubes de los países que se habían quedado fuera, pero la propuesta se abandonó pronto. Aunque la idea de un evento para los clubes centroeuropeos había sido el resultado de varias cabezas, no había duda de que la fuerza motriz de la recién nacida competición era y sería Hugo Meisl. Nemzeti Sport, un conocido periódico deportivo de Budapest, afirmaba, en un artículo publicado el 1 de junio de 1927, que la Mitropa había nacido gracias a las dotes diplomáticas y organizativas de Meisl, "capaz de convencer a las federaciones implicadas mediante cifras y datos concretos, haciéndoles comprender el potencial económico del evento". De hecho, sería el propio Meisl quien tejiera, gestionara y, en su caso, ajustara las frágiles relaciones entre las fuerzas que participarían en el torneo. Sin embargo, el plan de creación del torneo presentado en 1926 en el Congreso de la FIFA en París fue rechazado, lo que llevó a sus promotores a buscar apoyo externo. Entre agosto y octubre de ese año, Meisl se reunió con los secretarios húngaro y checoslovaco, Fodor y Loos, y con miembros de la federación italiana, con la que las relaciones habían sido congeladas desde hacía algunos años. El 27 de octubre llegó el impulso final: los representantes implicados se reunieron de nuevo para definir el nacimiento del torneo. Todos estuvieron de acuerdo, excepto Italia, que se mostró escéptica sobre los costes de viajes y las dificultades para incluir los partidos en su calendario. La Copa Mitropa se convirtió así en una realidad y las reuniones posteriores solo pretendían ampliar la invitación a otros posibles participantes. Uno de los representantes

checoslovacos, Bednář, fue nombrado secretario del comité, cuya sede se estableció en Viena, a lo largo de la Tegethofstrasse, ya que la organización se encomendaría a Hugo Meisl. Entre 1927 y 1940, más de la mitad de las reuniones relacionadas con el evento se celebraron en esa ciudad. En los primeros meses de 1927 se celebraron varias reuniones, a las que asistieron representantes de naciones hasta entonces ignoradas, como Polonia, Yugoslavia, Rumanía, Italia —que se estaba planteando un cambio de opinión— y Suecia, cuya presencia probablemente habría obligado al comité organizador a adoptar un nombre más inclusivo de Copa Centroeuropea. En la mente de Meisl todavía estaba la esperanza de obtener el reconocimiento oficial de la FIFA, y con este objetivo los principales representantes del fútbol centroeuropeo acudieron al congreso de la organización de 1927 en Helsinki. También estuvo presente la delegación de Estados Unidos, con la que las federaciones centroeuropeas llevaban años de fricción. Austria y Hungría, enfadadas por el hecho de que dos de los clubes más importantes de Estados Unidos hubieran firmado contratos con varios campeones centroeuropeos, se habían quejado frente a la FIFA. Las relaciones se arreglaron cuando Meisl decidió retirar la denuncia, y aunque esto le valió el apoyo de Estados Unidos, la FIFA emitió un segundo rechazo. Estaba claro que la Copa Mitropa, al menos al principio, debía nacer como un acuerdo privado entre las federaciones firmantes.

El congreso para la fundación de la Mitropa, que tuvo lugar simultáneamente con el de la Copa Internacional, se organizó en Venecia entre el 15 y el 16 de julio. Desde Italia, Meisl se enteró de que, ese mismo día, el Palacio de Justicia de Viena había ardido en llamas: había estallado una violenta revuelta ciudadana que había obligado al canciller austriaco Seipel a ordenar a la policía que abriera fuego contra los manifestantes. Unas 600 personas murieron y más de 1000 resultaron heridas. Así, el congreso decidió que participarían cuatro federaciones: Austria, Hungría, Checoslovaquia y Yugoslavia. Italia, que en un principio parecía confirmada, fue excluida. Esto se debió a que las relaciones institucionales entre Austria e Italia se habían enfriado de nuevo: desde 1926, Mussolini había comenzado a aplicar un proceso de italianización que socavaba las libertades de las minorías de habla alemana que vivían en el norte de Italia, especialmente en el Tirol del Sur. Evidentemente, la polémica resonó en los periódicos, y no solo a nivel deportivo.

El fascismo, además, había introducido una serie de cambios en el mundo del fútbol: en 1926 había introducido la Carta de Viareggio, que por un lado marcaba la transición al profesionalismo, pero por el otro limitaría primero, y luego, a partir de 1928, prohibiría el uso de jugadores extranjeros por parte de los equipos italianos, la mayoría de los cuales procedían de Austria y Hungría. Por estas razones, la federación austriaca boicoteó el Congreso de la FIFA en Roma al que Meisl, como miembro de la asociación, había asistido. Al final se decidió lo siguiente: Italia, al igual que Suiza, solo participaría en la Copa Internacional. La federación italiana reconoció el compromiso de Meisl y, en septiembre de 1927, Mussolini le concedió una audiencia al término de la cual el secretario austriaco recibió una foto de ellos firmada por el propio Duce. Alemania fue excluida de ambas competiciones: de la Mitropa por su negativa a competir con equipos profesionales y de la Copa Internacional a instancias de las federaciones organizadoras, ya que en 1924, cuando el fútbol austriaco se había hecho profesional, Alemania había solicitado su exclusión de la FIFA[11].

Uno de los mayores problemas con los que Meisl y sus socios sabían que tenían que convivir era el calendario: se decidió poner los partidos de la Copa Internacional en determinados fines de semana de la temporada en que se detenían los torneos nacionales, mientras que los partidos de la Copa Mitropa se jugarían en verano, después de los campeonatos, y en los años en que la Copa del Mundo se celebrara inmediatamente después de aquella. El equipo ganador se llevaría a casa dos trofeos: la copa, con los nombres de las federaciones participantes y el de los finalistas, y la Providentia, una reproducción de la fuente que se encuentra en la plaza vienés de Neumarkt.

---

11   Hay que tener en cuenta que el fútbol alemán y sus equipos no tenían mucho atractivo en aquella época.

CAPÍTULO 2

1927 - SPARTA DE ACERO

La primera edición de la Copa Mitropa era una incógnita para todo el público europeo. Las selecciones del continente solo se habían enfrentado en algunas ocasiones y no había certezas sobre los favoritos y los valores en juego, solo sensaciones de algunos partidos y giras amistosas disputadas a lo largo de los años. Sin embargo, una cosa parecía clara: iba a ser un asunto reservado a los equipos de las principales capitales europeas. Viena, Budapest y Praga competirían por el trofeo, y los equipos yugoslavos desempeñarían el papel de cenicientas, ya que aún eran demasiado jóvenes para competir al más alto nivel. Las federaciones participantes habían fijado los criterios de participación: Austria había decidido invitar al defensor del título y al ganador de la Copa de Viena, Checoslovaquia al primero y al segundo de su torneo nacional y Hungría había optado por inscribir a los dos primeros de un minitorneo entre los cuatro mejores equipos de la liga. Por eso faltaba el Ferencváros, que, si bien había ganado el campeonato húngaro a siete puntos del segundo clasificado en el torneo final, había quedado tercero.

****

A pesar de que el mundo del fútbol se había recuperado casi inmediatamente tras el final de la Primera Guerra Mundial, y los campeonatos nacionales habían recomenzado sin problemas, la escena deportiva internacional seguía sufriendo algunas fricciones: en 1920, como consecuencia de las desavenencias entre Austria y las potencias vencedoras, el equipo nacional de Hugo Meisl no fue invitado a los Juegos Olímpicos de Amberes. Sin embargo, esto no impidió que los técnicos británicos que habían llegado a Europa años antes, especialmente a las naciones que habían estado unidas bajo la corona de los Habsburgo hasta 1918, continuaran con su trabajo. Mientras que en Austria y Alemania los presos políticos fueron enviados a campos de trabajo durante la guerra, a menudo a través de la cárcel, en Praga y sus alrededores habían sido más afortunados: gracias a la influencia del movimiento nacionalista bohemio pudieron permanecer en el país a condición de que no lo abandonaran. Este fue el caso de John Dick, el creador del Železná Sparta —Sparta de Acero—, la formidable formación checoslovaca del Spar-

ta de Praga tras la Primera Guerra Mundial. El apodo de Sparta de Acero reflejaba el carácter del equipo bohemio, menos atractivo de ver, pero más efectivo, duro y contundente que sus rivales del Slavia.

Dick fue el primer jugador en la historia del Arsenal —en aquel entonces el Woolwich Arsenal— en alcanzar los 250 partidos. Había visitado Praga por primera vez en 1907 con motivo de dos partidos amistosos que el equipo londinense había disputado contra el Slavia de Praga, entrenado por otro escocés, John William Madden; y luego, en 1912, había decidido mudarse en la capital bohemia. Aquí fue contratado como jugador y entrenador por el DFC Prag, un histórico club de la capital que representaba a la minoría judía y germánica de la ciudad, en el que jugó hasta el estallido de la Gran Guerra. Durante el conflicto se quedó en Praga y en cuanto terminaron las hostilidades se unió al Sparta, creando así el que para muchos sería el equipo más fuerte del continente durante muchos años. Sparta de Acero es un nombre que se remonta a 1919, y solo al año siguiente, cuando la recién formada Checoslovaquia llegó a la final de los citados Juegos Olímpicos de Amberes —la única final de la historia del fútbol que se perdió por abandono del campo a causa de unas discutidas decisiones arbitrales[12]—, Sparta aportaba diez jugadores a la selección nacional. Pero el primer éxito del recién nacido movimiento futbolístico checoslovaco, que en realidad era un éxito de Sparta, se remonta al año anterior: entre el 2 y el 6 de junio de 1919 se celebraron en los alrededores de París los Juegos Interaliados[13] —conocidos en Praga y sus alrededores como Pershingova Olympiáda, u Olimpiadas de Pershing, en honor al comandante estadounidense John Joseph Pershing, que los había apoyado firmemente—, un evento paralímpico en el que participaron las naciones que habían salido victoriosas de la Gran Guerra[14]. El estadio Pershing, construido para la ocasión y sede del evento, fue el escenario de la primera gran hazaña futbolística internacional de Checoslovaquia, al triunfar la selección nacional dirigida por Madden y formada casi en su totalidad por jugadores del Sparta. Checoslovaquia eliminó a Bélgica (4-1), Estados Unidos

---

12   Los jugadores checoslovacos, a diferencia de sus colegas húngaros y austriacos, eran conocidos por su carácter polémico y tormentoso, tanto con los rivales como con los árbitros de los partidos. En esta ocasión, no les gustó la expulsión de uno de sus jugadores, Steiner, por haber agredido a un rival, y la concesión de un penalti, que según ellos se había inventado a favor de Bélgica.

13   La competición de fútbol comenzó el 24 de junio.

14   Checoslovaquia, al haber estado bajo la hegemonía de los Habsburgo, no fue realmente una nación victoriosa, pero pudo reconstituir sus relaciones políticas al final de la Gran Guerra, cuando formó una república independiente. En el plano deportivo, fue capaz de mantener relaciones estables con las antiguas potencias de la monarquía de los Habsburgo, así como con Inglaterra e Italia.

(8-2), Canadá (3-2) y Francia en la final, gracias a una remontada de 3-2. El jugador estrella fue Antonín Janda. Este futbolista, que era delantero, pero que ese día había sido desplegado como defensa, se colocó en la línea ofensiva a falta de un cuarto de hora para el final del partido, y entre los minutos 84 y 88 marcó un doblete decisivo. Fue tan aclamado que al final del partido un numeroso grupo de aficionados, probablemente no franceses, irrumpió en el campo para llevarlo a hombros y celebrar su actuación.

Entre 1919 y 1922 el Sparta ganó 58 de 59 partidos y cuatro títulos nacionales. Un año importante fue 1921: el club venció en orden al Núremberg —ganando un torneo no oficial organizado por el equipo alemán—, al Celta, al Barcelona y al Athletic de Bilbao. Al final de la reunión con el Barcelona, la dirección catalana hizo todo lo posible por fichar a Janda. Le ofrecieron una asombrosa cantidad de dinero, pero el jugador la rechazó. En Bilbao los bohemios jugaron dos partidos, ganando ambos por 3-1 y 4-1. El público y los periódicos locales también se detuvieron en algunas actuaciones individuales: "Ver jugar a Káďa, Janda, Pilát, Mazal y todos estos prodigiosos jugadores es para un amante del fútbol como ver Nápoles para un turista: ¡hay que verlos antes de morir!", escribió La Gaceta del Norte. Y probablemente no fue una coincidencia que en 1926 el equipo checoslovaco fuera invitado a una gira por Estados Unidos[15]. En 1922, Dick se había visto tentado por una nueva aventura: se trasladó a Bélgica y se fue a entrenar a Beerschot. Fue sustituido por Václav Špindler[16], un exjugador del equipo que también había sido internacional con la selección de Austria —dado que bajo el Imperio Austrohungáro, Bohemia no tenía su propia representación—, el cual ganó otros tres títulos nacionales.

El el 5 de enero de 1927, apenas unos meses antes del inicio de la primera edición de la Mitropa, el club recibió una terrible noticia: el joven talento de 22 años Jaroslav Poláček había fallecido de insuficiencia renal. Poco antes de su muerte había dicho a sus compañeros: "Entiérrenme con la camiseta del Sparta". Y así se hizo. Los frutos del trabajo de Dick eran claramente visibles: el Sparta jugaba exactamente como el entrenador les había enseñado y ponía en práctica los dictados del fútbol escocés a la perfección. Aunque Janda y algunos de los campeones de los últimos años habían colgado las botas, el club había repuesto sus filas con algunos jugadores muy valiosos y seguía liderado por su ícono, Karel Pešek, conocido como Káďa. La popularidad de Káďa iba más allá del campo de juego: Karel Balling, un conocido artista de cabaret en Bohemia, le dedicó la canción Dneska hraje Káďa —Hoy Juega Káďa—, y el jugador recibía elogios de todo el mundo. Santiago Bernabéu

---

15   La década de 1920 pasó a la historia como la Edad de Oro del fútbol americano. Por ello, varios equipos europeos organizaron giras de verano en el extranjero y casi siempre consiguieron llenar los estadios.

16   Las estadísticas y los informes son incompletos. Muchos afirman que Dick seguía en el banquillo del Sparta ese año, pero fuentes más fiables atribuyen el banquillo a Špindler.

dijo que era el mejor jugador al que se había enfrentado, mientras que el seleccionador húngaro Henrik Fodor, tras verlo en un encuentro, afirmó: "Quizá Orth[17] sea algo más técnico y elegante, pero Káďa es más rápido, más veloz y más aguerrido. Es el alma del equipo. Siento decirlo, pero creo que Káďa es superior". Y cada vez que el Sparta era recibido para una gira por Europa o Sudamérica, el equipo local ponía una condición: Káďa tenía que jugar. Káďa, que además de futbolista era jugador de hockey sobre hielo[18], estaba considerado en aquellos años como el "center-half más fuerte de Europa", como lo describía un artículo del Corriere della Sera. De él se hizo eco La Gazzetta dello Sport, que en un artículo aparecido poco antes de un partido entre Italia y Checoslovaquia señalaba que mientras en Austria y Hungría el fútbol estaba experimentando una profunda renovación generacional, en Checoslovaquia el reinado de Káďa[19], que ya tenía 32 años cuando comenzó la primera edición de la Mitropa, no era cuestionado por nadie. "Diez veces se le dio por muerto, diez veces fue reelegido por unanimidad", concluía el periódico italiano.

****

El Sparta, que nunca había participado en la Challenge Cup, debutó en Europa contra el Admira de Viena, que participaba en el torneo como ganador de la liga local. La participación de los checoslovacos estuvo en duda hasta el final, ya que el presidente del club había declarado que no quería participar porque el evento evocaba "el carácter monárquico del difunto Imperio Austrohúngaro". Pero luego o había cambiado de opinión, o alguien le había hecho cambiar de opinión. El Admira, que acababa de ganar el primer título de su historia, había luchado hasta el final contra el Brigittenauer AC, un underdog recién llegado a la máxima categoría solo el año anterior que había sido noticia por su defensa —la mejor de la liga— y por la actuación de su portero, Franz Köhler. Pero al final, gracias a su mayor experiencia, el Admira se había impuesto a su rival por 5-0 y se había asegurado su billete a Europa. La principal figura del club austriaco en aquella época era sin duda el delantero Anton Schall, máximo goleador del campeonato que acababa de terminar. Era sobretodo gracias a Schall que los vieneses podrían tener alguna esperanza contra el acorazado checoslovaco.

---

17   Orth, como veremos en breve, fue uno de los mejores jugadores húngaros de los años 20.

18   Estuvo presente en las Olimpiadas de 1920 en dos funciones: como jugador de fútbol y de hockey.

19   La grandeza de Káďa queda demostrada por un hecho: incluso a partir de 1934, año en que el jugador dejó el Sparta, cuando los periódicos hablaban del Sparta seguían asociando al club con la figura de su antiguo capitán, llamándolo "el equipo de Káďa".

En el partido de ida en Praga, solo un puñado de 7000 espectadores acudieron al estadio debido a la intensa lluvia que convirtió el campo en papilla. El partido comenzó con un gol tempranero de los checos: Patek se coló por la derecha y disparó un torpedo que se estrelló en la parte inferior del travesaño, antes de que Veselý —que reemplazaba al titular Dvořáček— introdujera el balón en la red. En la siguiente jugada, Patek marcó un gol que fue anulado por fuera de juego. Sin embargo, en el minuto ocho, Veselý marcó otro tanto a pase de Silný. Luego fue el austriaco Runge quien marcó de tiro libre tras una falta de Hajný. Tras varias ocasiones desperdiciadas por el Sparta, el Admira mejoró su juego y tomó la iniciativa durante un cuarto de hora. Pero en el minuto 43, Maloun marcó el 3-1 en un saque de esquina.

Desde el inicio de la segunda parte el Admira dejó de jugar y el Sparta lo aprovechó para marcar dos goles más, y en los últimos minutos también reclamó un toque de mano en el área por parte de un defensa rival. El partido se saldó así con un 5-1 a favor de los hombres de Špindler, cuya superioridad también quedó patente en el recuento de córneres: 11-3. Según el Prager Presse, un periódico de Praga publicado en alemán, el Sparta podría haber ganado por un margen aún mayor. El periódico destacó la excelente actuación de Káďa y la de la línea defensiva, pero dijo de Horejs que no había hecho nada más que marcar dos goles, y de Silný que había estado inoperante durante toda la primera parte. El Admira, un equipo conocido por aplastar a sus rivales directos en la liga, fue criticado en los periódicos vieneses por no repetirse en el ámbito europeo y por la falta de creación de juego. El portero Franzl, a pesar de algunas paradas importantes, fue acusado de no ser certero en algunas circunstancias. El árbitro húngaro Gero estuvo en el punto de mira de algunos periódicos, aunque todos coincidían en que su labor no había influido en el resultado.

En el partido de vuelta, disputado la semana siguiente, los dos equipos presentaron la misma alineación que en el partido de ida. El Sparta jugó con el freno de mano echado desde el principio, y eso dio confianza a los austriacos. Ante 15 000 espectadores, el Admira interpretó el reto con gran intensidad y, quizá, con excesivo agonismo, dados los varios choques con los jugadores contrarios. El público tampoco ayudó: insultó a los jugadores checoslovacos durante casi todo el partido. Sin embargo, en el terreno de juego, los austriacos legitimaron su dominio al adelantarse en el minuto 13 con Schall, y doblar al final de la primera parte con Sigl de penalti.

La segunda parte comenzó con el gol de Silný que marcó el 2-1, antes de que Schall restableciera la distancia para el Admira. Los austriacos continuaron atacando y, primero Runge, en un tiro libre como en el partido de ida, y luego Stoiber, marcaron los goles cuatro y cinco. El resultado emparejaba el marcador global, pero los locales perdieron a Schall por lesión y, estando en inferioridad numérica, sufrieron dos goles muy parecidos de Veselý: el delantero checoslovaco aprovechó dos centros de Kolenatý y marcó otro doblete personal, un doblete que significaba el pase a la siguiente ronda. El final del partido, siempre marcado por los abucheos del público al equipo visitante, terminó con la expulsión de Kolenatý tras una protesta.

Aparte del desafío de Praga, los primeros partidos oficiales de la historia entre clubes europeos —a excepción de los partidos de la Challenge Cup— no habían incumplido las previsiones de Meisl: los estadios se habían llenado casi en su totalidad y los clubes habían obtenido una recaudación satisfactoria[20].

****

Así pues, Káďa y sus compañeros pasaron a las semifinales, donde se enfrentaban al FC Hungária[21], que había vencido al Beogradski en los cuartos de final, tal y como se había predicho. Aunque el equipo contaba con algunos de los futbolistas yugoslavos de más talento de la época, que llegarían a disputar la primera Copa del Mundo en 1930, todavía eran inmaduros en aquel momento: los húngaros habían marcado ocho goles entre ida y vuelta, y nunca se había puesto en duda que pasarían. La estrella György Orth había brillado en el partido de vuelta (4-0). Orth, fuertemente deseado por Jimmy Hogan años antes, había llegado al MTK tras unas temporadas en el SKI, un equipo local patrocinado por una cafetería en Aradi útca y Vasas[22]. Hogan dijo una vez de él: "Es el jugador más fuerte, inteligente y versátil que he visto nunca". Pero una grave lesión perjudicó su carrera y, a partir de septiembre de 1925, Orth no había vuelto a ser el mismo. El partido contra el Beogradski fue una especie de canto del cisne. En 1930 se marchó a Sudamérica, se hizo cargo de la selección chilena y la dirigió en el primer Mundial de la historia. A lo largo de los años el equipo húngaro también habría perdido otros talentos: Imre Schlosser y Alfréd Schaffer, dos de los máximos goleadores magiares de la historia, habían dejado el club en 1922 y 1923 respectivamente. Pero el declive del club coincidió con la lesión de Orth, lo cual tubo como consecuencia que la larga hegemonía del MTK en el fútbol húngaro hubiera llegado a su fin.

El primer acto de la semifinal se disputó ante 18 000 espectadores. Junto a Orth, Hungría alineó a Ferenc Hirzer, un delantero que había regresado de la Juventus. El primer gol del partido lo marcaron los húngaros gracias a Opata, que aprovechó un saque de esquina en el minuto 39. A continuación, solo seis minutos después, Patek empató para el Sparta. El marcador era de 1-1 a la hora del descanso.

---

20   Sin embargo, algunos estadios de la época tenían una capacidad limitada, como los de las formaciones yugoslavas.

21   Nombre adoptado en 1926 por el MTK.

22   Jonathan Wilson, en *The Names Heard Long Ago,* relata una curiosa anécdota: el día que Orth fue comprado por el Vasas Reiner, el ojeador del equipo fue a verlo en un partido contra el Hungária, entonces MTK. Poco después, el presidente de la MTK, Alfred Brüll, también se fijó en él, pero no sabía su nombre. Tan pronto como el partido terminara, Reiner lo firmaría.

La segunda parte fue muy favorable al Sparta, que dispuso de un penalti luego anulado por una falta sobre Horejs en el minuto 60. Después, en el minuto 65, llegó el gol del 1-2 gracias a Silný. Fue entonces cuando Hungría volvió al ataque y Jeny clavó el 2-2 en el marcador.

Hubo división de opiniones sobre el resultado; Henrik Fodor, director de la selección húngara, dijo: "Debimos haber ganado el partido, ya que tuvimos más oportunidades. El medio campo del Sparta es mejor que el nuestro y por eso fueron superiores durante buena parte del partido". Nathan, gerente del Sparta, declaró: "Ganaremos el partido en Praga. El Sparta es de una categoría superior y eso nos dará ventaja".

La semifinal de vuelta se disputó ante 24 000 espectadores. La sensación entre el publico era que el Sparta iba favorito, sobre todo cuando se supo que Veselý y Steiner se habían recuperado, y que Hungría jugaría sin Orth. Al igual que en el partido de ida, Eugene Braun, probablemente el árbitro más respetado de la época, fue elegido para el encuentro. Braun entró en el campo con los 22 jugadores y fue aplaudido por los hinchas de ambos equipos. El Sparta creó peligro en los primeros minutos con dos disparos: el primero, un cabezazo de Silný, se fue por encima del travesaño, mientras que el segundo fue bloqueado por el portero húngaro Biri. Entonces el partido tuvo una pausa y Hungría, en medio de los abucheos del público local, comenzó a atacar. Opata y Braun dispusieron de dos cómodas ocasiones, pero las desaprovecharon antes de que Veselý rematara sin éxito un saque de esquina.

En la segunda parte aumentó la presión de los locales y ambos equipos estuvieron a punto de marcar, pero los porteros intervinieron en varias ocasiones y consiguieron mantener sus porterías en cero. Un partido duro, pero justo, terminó 0-0 y los checoslovacos, incluido Káďa, fueron duramente criticados. En particular se criticó a los delanteros por no aprovechar sus oportunidades. Biri, en cambio, fue elogiado por la prensa contraria. La falta de brío del equipo local hizo que el público, inicialmente entusiasta, abucheara a sus favoritos, que daban la impresión de querer controlar el partido. "Hemos jugado mal, Hungría lo ha hecho mejor que nosotros. Pero el resultado sigue siendo justo", dijo Káďa al final del partido. Fodor fue más explícito: "Éramos claramente superiores a Sparta. En cuanto al caso Konrád, pedimos una reunión con la comisión. Habrá que aclarar las cosas".

El "caso Konrád" había sido planteado por la dirección del Sparta nada más terminar el partido. Kálmán Konrád —o Konrád II, como se le llamaba para distinguirlo de Jenő— había sido contratado por Hungária durante la competición[23]. Esto iba en contra de las normas establecidas por el comité organizador y, por este motivo, al final de la reunión celebrada el 13 de octubre en Bratislava, se decidió que la eliminatoria no tendría lugar. Hungária

---

23   Kalmán Konrád, a quien he mencionado antes, se trasladó a Estados Unidos después de jugar en Austria, al Brooklyn Wanderers, y luego volvió a Europa en 1927. Tenía un contrato con el MTK, pero no pudieron jugar con él porque llegó durante la competición.

fue descalificada en medio del enfado de sus dirigentes, que abandonaron la reunión. El Sparta pasó así a la final sin tener que jugar un tercer partido. Los periódicos húngaros estaban furiosos con la decisión del comité y con Hugo Meisl: "Quieren destruir el fútbol húngaro", se leía en un artículo del periódico húngaro Sporthirlap.

****

El Sparta se encontró en la final con el Rapid Viena, un equipo que se había tomado la competición muy en serio: no se había tomado ningún día de descanso tras el campeonato, y justo antes de que empezara la Mitropa había fichado a Hans Horvath, uno de los talentos más prometedores del panorama austriaco, procedente del Simmeringer. Los austriacos habían eliminado fácilmente al Hajduk Split con una victoria por 8-1 en el partido de ida de los cuartos de final en Viena, y luego, con más dificultades, habían derrotado al Slavia de Praga en la semifinal. Los checos habían resistido durante mucho tiempo gracias a las magníficas paradas del guardameta František Plánička, que había frustrado el asedio del Rapid Viena en el partido de ida clavando el 2-2 en el marcador, y había repetido lo mismo en la vuelta antes de tener que rendirse ante el cobro magistral de un tiro libre ejecutado por el especialista Ferdinand Wesely, uno de los mejores extremos izquierdos del mundo. Así, el partido terminó 2-1 y el Rapid llegó a la final.

Ante unos 25 000 espectadores y bajo un hermoso cielo otoñal, Sparta y Rapid saltaron al campo bajo las órdenes del belga Van Praag. El Sparta comenzó atacando y en el primer minuto, tras un saque de esquina, se adelantó: Káďa recibió el balón y lanzó un torpedo imparable que rozó la cara del defensa austriaco Jellinek antes de entrar en la red: 1-0. Los bohemios crearon otra ocasión con Silný, servido por Patek, pero la desperdició. Los checoslovacos siguieron atacando y Feigl, el portero austriaco, se lució interviniendo varias veces. Entonces llegó el 2-0: Patek centró, Feigl despejó el balón y este llegó a los pies de Šima, que lo apoyó fácilmente en la red. Pero solo dos minutos después el Rapid acortó distancias: Burgr tocó el balón con la mano justo fuera del área y Wesely marcó de falta. El Rapid, galvanizado, aumentó su presión y el partido creció en intensidad. En 2 minutos, entre el 33 y el 34, el marcador reflejaba el 3-2: primero, Silný hizo subir el marcador del Sparta a tres, y luego Wesely, esta vez de penalti, reavivó las esperanzas de los austriacos.

En el minuto 62, Patek, tras una sugerencia de Myclik, marcó el gol del 4-2. El Rapid redujo su presión y perdió el peligro. El 5-2 llegó de un centro recogido por Silný, cuyo disparo acabó de nuevo en la red, y solo tres minutos después, de nuevo de un centro, llegó el definitivo 6-2: Horejs centró, Šima la dejó pasar y Patek disparó a la esquina superior. Patek, a punto de marcar el gol del 7-2, fue detenido por fuera de juego. Unos minutos antes del final del partido, el Rapid se quedó con un hombre menos por la expulsión de Nitsch. El partido terminó 6-2, un verdadero triunfo para los checoslovacos.

La afición local llevó a hombros a sus favoritos, sobre todo a Káďa, a quien la prensa le reconoció que había mejorado considerablemente con respecto al partido en casa contra Hungária y Kolenatý. Kolenatý había tenido la tarea más difícil, la de marcar a la estrella rival Wesely. Aparte de dos goles a balón parado, el extremo austriaco solo marcó una vez, y eso al final del partido. La Copa Mitropa, decorada con las banderas de las cuatro federaciones participantes, estaba expuesta ese día en una joyería vienesa de la Kärtnerstrasse, y llevaba una placa de plata con los nombres de los finalistas.

El partido de vuelta, disputado ante 40 000 espectadores y oficiado por el árbitro holandés Eymers, parecía una formalidad en virtud del resultado de la ida. Wesely trató de animar la contienda en los primeros compases con un remate que fue salvado en la línea y luego marcó el 1-0, regateando a Káďa y al defensa Perner antes de lanzar un disparo que se estrelló en el interior del larguero y entró en la red. La afición del Rapid, que se alegró en parte por el gol, se preocupó al ver que el goleador se marchaba poco después con una pequeña lesión. Sin embargo, el delantero exterior volvió a ocupar su lugar. Hacia el final del primer tiempo Silný tuvo una oportunidad, pero la desperdició. El primer tiempo terminó 1-0.

Comenzó la segunda parte y el Sparta marcó, pero Eymers, ante la incredulidad de los jugadores, anuló el gol y poco después, cerca del área del Rapid, pasó por alto una carga que el checoslovaco Horejs había sufrido por parte de dos rivales. Luego, en el minuto 56, el Rapid dobló su ventaja: Bauer centró para Luef, que chutó débilmente a puerta, pero Hochmann dejó escapar el balón y este acabó en la red. El partido se calentó y los enfrentamientos se multiplicaron: primero Káďa y luego Hochmann tuvieron que abandonar el campo temporalmente. Luego, en el minuto 61, Eymers interrumpió el partido durante dos minutos tras un choque entre Perner y Horvath. Horvath salió de la cancha con dolor —no volvería— y Perner fue expulsado. El partido se reanudó con diez contra diez. Hacia el final, el Sparta mejoró, mientras que los austriacos bajaron la intensidad, por lo que Silný, en el minuto 86, regateó a Feigl y marcó el 2-1 definitivo. Aunque el Rapid había merecido la victoria gracias a la actuación de su líder Wesely —que había corrido el riesgo de ser expulsado por juego sucio—, tuvo que doblegarse ante la superioridad de sus adversarios, debido también a algunas actuaciones individuales insuficientes. Uno de ellos era Karl Bauer, que debutaba en la competición[24].

El público vienés y el árbitro Eymers fueron los más criticados. En cuanto a los espectadores, la prensa de Praga afirmó que los hinchas verdiblancos se habían comportado aún peor que los del Admira, y que Viena nunca había visto un partido tan violento. En un momento dado, debido a una invasión de campo, que no era una novedad en aquellos años, la policía tuvo que intervenir y el partido se detuvo durante unos minutos.

---

24   En algunos periódicos europeos apareció una información errónea: se decía que el entrenador Bauer, que entonces tenía 33 años, había decidido autoasignarse en ataque. En realidad era Karl Bauer, no Eduard.

Al final del partido, Bednář, el presidente del comité, entregó el trofeo, el primero de la historia, la placa y las medallas a los jugadores. Káďa recibió el trofeo y Kolenatý la placa ante un público enfurecido que no paraba de gritar y lanzar todo al campo. Desde las gradas llovieron piedras y objetos de todo tipo contra los jugadores y aficionados checoslovacos. Los visitantes, a pesar del apoyo policial, se esforzaron por abandonar el estadio y Káďa fue golpeado por una piedra cuando se dirigía a los vestuarios. Mientras que algunos destacaron la gran asistencia y participación del público, el periodista alemán y fundador del conocido periódico Kicker, Walter Bensemann, se mostró muy crítico con la organización de la final. En referencia a lo sucedido tras el partido, se mostró indignado por el fanatismo de los aficionados y por el hecho de que la policía tuviera que escoltar al equipo ganador. Al igual que Hungría había amenazado con boicotear el evento por el caso Konrád, Sparta hizo lo mismo por los disturbios en Viena. Meisl consiguió una vez más mediar entre los dirigentes de los dos clubes y por ello fue nombrado socio honorario del Sparta Praga.

Josef Silný, máximo goleador del certamen, tiene una curiosa historia a sus espaldas. Nacido y criado en la ciudad de Kroměříž —que años más tarde daría su nombre a una calle—, el jugador fue perseguido por los principales clubes de Praga desde muy joven. En una entrevista con el corresponsal de la revista Gól, Josef Pondělík, en 1974, un Silný de 72 años reveló algunos antecedentes de su adolescencia: dijo que cuando solo tenía 16 años, los directivos del Sparta, del Slavia y de varios clubes de Brno llamaban a su puerta varias veces para intentar convencerlos a él y a su padre de que se trasladaran a la capital. También hablaron con los directivos del club local para el que jugaba Silný, el Haná Slavia, pero sin ningún éxito: el chico era feliz con su vida y solo dejaría su ciudad natal para hacer el servicio militar en un cuartel de Olomuc. Sin embargo, el interés por Sparta y Slavia no decayó y un día el joven se encontró frente a un oficial que le recitó un poema que ensalzaba la belleza de Praga. El oficial terminó y reveló a Silný que en realidad era un representante de Sparta que había venido a convencerle de que se uniera al equipo. El jugador aceptó y, gracias al consentimiento de los dirigentes de Sparta, fue trasladado inmediatamente a un cuartel en los alrededores de Praga. Unos días después, los emisarios del club fueron a buscarlo a Smichov, la ciudad donde creían que prestaba servicio, convencidos de que por fin había llegado el momento de firmar el contrato, pero no lo encontraron: estaba en Pohořelec, otra ciudad cercana a la capital, ¡y acababa de convertirse en jugador del Slavia! Los directivos del Slavia le habían esperado en la estación cuando su tren había llegado desde Olomuc, y un directivo vestido de oficial le había ordenado que firmara un papel que era en realidad el contrato que le vincularía al Slavia.

Los posos de aquel episodio se disiparían unos años después, y en 1927 el Sparta lo fichó del archirrival por la suma récord de 60 000 coronas. Silný ocuparía el puesto de delantero centro hasta 1930, cuando el club checoslovaco se hizo con los servicios del belga Raymond Braine. A partir de ese momento, Silný pasaría a jugar de extremo o inside forward, pero aún así consiguió excelentes goles. El 19 de octubre de 1932 marcó el gol número 100 de su carrera, contra su equipo anterior sin que él lo supiera. El delantero había batido al portero Plánička, pero como las estadísticas de los goles se ignoraban en ese momento, el hecho pasó desapercibido. Silný lo descubriría muchos años después, en 1972, cuando un periodista de la citada revista Gól, Luboš Jeřábek, creó el Klub ligových kanonýrů GÓLU, una clasificación de jugadores checoslovacos, en activo desde 1925, que habían alcanzado la marca de 100 goles. Silný fue el primero en unirse a la lista.

Una historia dentro de otra historia fue la que protagonizó el delantero poco después del partido de vuelta: mientras el partido aún se estaba disputando, Silný había decidido que haría cualquier cosa para llevarse el balón a casa. Cuando la final terminó, el jugador se encontraba con el balón a sus pies. Sin hacerse notar se lo llevó primero al vestuario y luego al Hotel Post, donde se alojaba el Sparta. Allí conoció a un aficionado checoslovaco que le ofreció 750 coronas para que se pudiese llevar el balón consigo. El delantero aceptó sin pensárselo.

CAPÍTULO 3

1928 – EL FRADI Y EL PRIMER TRIPLETE DE LA HISTORIA

Para evitar nuevos casos Konrád, un mes antes del comienzo de la competición, el comité organizador pidió a los clubes la lista de los jugadores que querían inscribir. También decidió el reparto de la recaudación: 60% para el equipo local y 40% para el equipo visitante.

El formato se mantuvo sin cambios: comenzó en los cuartos de final y siguió siendo una competición de eliminación directa con partidos de ida y vuelta. A diferencia del año anterior, se introdujo una ronda preliminar, que no se jugó debido a la negativa del equipo rumano Tmişoara Chinezul a enfrentarse al Beogradski.

****

En 1928, el Ferencváros, o Fradi, como todavía lo llaman sus aficionados, apareció en la escena de la Copa Mitropa. Fundado como FTC —Franzstadt Torna Club—, es el equipo del noveno distrito de Budapest, tiene orígenes germánicos —el distrito de Franzstadt estaba poblado en gran parte por alemanes— y en aquellos años se nutría principalmente de trabajadores y habitantes de los suburbios. Tenía varios puntos de contacto con el Rapid Viena, entre ellos el hecho de que ambos equipos llevaban un uniforme verde y blanco[25]. Existen dos versiones sobre el origen de la camiseta del Fradi: según la primera, acreditada como oficial, la dirección del club, para mantener su identidad patriótica, quería adoptar una camiseta rojiblanca y verde, pero tuvo que renunciar al rojo debido a que esa camiseta ya había sido adoptada años antes por el BTC, otro club de la capital húngara. La segunda versión, más romántica, es que la decisión se tomó en uno de los cafés de Budapest, el Gebauer Coffee House. Según esta versión, Kornél Gabrovitz, uno de los fundadores del club que mantenía una relación con una de las hijas del propietario, le preguntó cuáles eran sus colores favoritos. Ella eligió el lila por

---

25   Sin embargo, hay que destacar que el Ferencváros tenía unas connotaciones mucho más patrióticas que el Rapid.

su gusto personal y el verde porque el club estaba lleno de mesas de billar. Sin embargo, después de los primeros lavados, el lila se desvaneció hasta el famoso uniforme verde y blanco.

Entre los equipos históricos de Budapest, el Fradi había sido el único en ganar un título internacional, la Challenge Cup en 1909. En ese año, los húngaros —el FTC de entonces— estaban imparables: además de ganar la Challenge Cup, habían ganado otros cuatro trofeos, entre ellos el campeonato y la Ezüstlabda, precursora de la Copa de Hungría, que finalmente fue entregada al Fradi tras su quinta victoria en 1909. Después, desde el final de la Primera Guerra Mundial hasta 1926, el fútbol húngaro fue dominado por el MTK y solo al final de la temporada 1925/26 los verdiblancos volvieron a levantar el título, hazaña que repitieron al año siguiente a pesar de, como se ha dicho, no tener la oportunidad de participar en la Mitropa. Ningún otro equipo abastecía tanto a la selección húngara como el Fradi, con jugadores de la talla de Amsel —el portero—, Bukovi, Kohut, Turay y Takács II, incluidos regularmente en la convocatoria del seleccionador húngaro[26]. Algunos de estos campeones pasarían a la historia: Bukovi, en particular, se convertiría en un entrenador de gran éxito años después. Nacido como Marton Selinka, Bukovi era el alter ego magiar de Káďa: ocupaba el papel de defensa central y era considerado el cerebro del equipo. Llegó al Ferencváros en 1926 a petición del entrenador István Tóth, que lo ascendió inmediatamente a capitán. La relación entre ambos era tan estrecha que Bukovi acudía a menudo a casa de su entrenador para hablar de fútbol y táctica. Años más tarde diría en una entrevista: "Nos pasábamos tardes enteras sentados alrededor de la mesa hablando de fútbol, ¡no puedo ni imaginar lo que se aburría su mujer!". József Takács, al que los periódicos de toda Europa llamaban comúnmente Takács II para distinguirlo de su hermano Géza, se convertiría en uno de los mejores goleadores húngaros de antes de la guerra, ganando la lista de máximos goleadores durante cinco temporadas. Empezó como portero y se convirtió en delantero por una casualidad fortuita: durante un partido, Takács II, que entonces jugaba en el Vasas, sustituyó a un compañero lesionado en el puesto de delantero centro y ya no volvería a dejar esa posición. Se convertiría en la pesadilla de muchos defensas y porteros europeos, especialmente del guardameta francés Maurice Cottenet, que decidió retirarse tras recibir seis goles del delantero magiar en un Hungría-Francia que terminó 13-1.

La historia de Turay, otro pilar del Fradi, es peculiar. En 1926, Tóth vivía con el entrenador del MTK, Gyula Feldmann. Feldmann, de origen judío, había sido repudiado por su familia tras su matrimonio con la hermana de Tóth, que no era bien vista por no ser judía. Un día, Turay, que entonces era miembro de una formación local, llamó a la puerta de Toth. Había concer-

---

26   Durante la primera edición de la Copa Internacional (1927-1930), Hungría alternaba varios entrenadores: Gyula Kiss, Tivadar Kiss y Janos Földessy.

tado una cita con Feldmann, que quería ficharlo para el MTK. Pero cuando Turay llegó, Feldmann aún no se había despertado de su siesta de la tarde, por lo que Tóth aprovechó para hablar con el chico y convencerle de que fichara por el Ferencváros.

Tóth también merece una mención: conocido como Istvan Tóth-Potya, fue un auténtico abanderado del Fradi, tanto siendo jugador como entrenador. El apodo Potya —Potyka en realidad, pero la "k" es muda— significa carpa, y hace referencia al aspecto regordete del entrenador, antaño un prolífico delantero, famoso por su capacidad para quemar a los defensas en velocidad.

****

Los cuartos de final enfrentaron al Ferencváros con el Beogradski, que se clasificó sin pasar por la ronda preliminar contra el campeón rumano Timişoara Chinezul.

El partido de ida se jugó en Belgrado y el público local se mostró tan cálido como el año anterior con Hungría, y entusiasta a la hora de recibir al equipo visitante, uno de los más temidos y respetados del continente. El recibimiento fue de juego limpio y se hizo patente desde el momento en que los jugadores húngaros llegaron a la Estación Central de Belgrado, lo cual continuó hasta que los dos equipos saltaron al campo. Antes, durante el viaje, cuando el tren se paraba en Subotica, Topolya y Novi Sad, varios aficionados y miembros de equipos locales habrían saludado a los jugadores húngaros desde el andén, señal de la reputación que les acompañaba. El Ferencváros se mostró confiado a pesar de la ausencia de los mediocampistas Bukovi y Obitz, que no se habían recuperado de una lesión. Contrariamente, el delantero centro Turay, que estuvo en duda hasta el último momento, estaría en su lugar, y Geza Toldi, un jugador que años después se convertiría en un pilar del Ferencváros y que había viajado con el equipo a Belgrado ese día en caso de ausencia de Turay, no estaría en el campo.

Comenzó el partido y con él una auténtica lección de fútbol danubiano en estado puro: los intercambios entre los jugadores verdiblancos funcionaron de maravilla, y fue el colectivo, más que las individualidades, el que destacó. El Ferencváros marcó el primer gol de su historia en Mitropa en el primer minuto por medio de Takács II. En el minuto diez el marcador ya estaba 0-3 gracias al doblete de Turay. Al día siguiente del partido, Nemzeti Sport informó de que en más de una ocasión, ante la belleza de los goles, los futbolistas yugoslavos aplaudieron casi involuntariamente las jugadas de sus rivales. Con la clasificación en el bolsillo, el Fradi empezó a jugar suelto y marcó cuatro veces más. El resultado final fue de 0-7, con tres goles más de Takács II —uno de ellos una espléndida acrobacia— y otro gol de Turay, y el público local solo pudo aplaudir la actuación de sus rivales. Al final del partido, el presidente del BSK, Beogradski Andreivić, dijo: "Tengo que admitir que jugar contra el Ferencváros fue una experiencia increíble para Belgrado, algo que el público recordará durante mucho tiempo".

En el partido de vuelta, contrariamente a lo que se esperaba, el Fradi no jugó en su campo de Ülloi útca, sino en el de su rival Hungária. El motivo fue que la dirección del club, de acuerdo con el Hungária, había decidido celebrar ambos partidos en el mismo campo, ya que los dos equipos jugaban el mismo día y no muy lejos el uno del otro[27]. Obitz y Bukovi aún no se habían recuperado, así que Toth tuvo que alinear otra vez a dos suplentes.

Sin embargo, el partido era una formalidad, ya que nadie, ni el más pesimista de los aficionados locales ni el más optimista de los visitantes, esperaba que se revirtiera el resultado de la ida. El Ferencváros repitió el partido de Belgrado y las estrellas Takács II y Turay volvieron a brillar, marcando un doblete y un triplete respectivamente. El gol de Marjanović —un penalti bien dirigido en la esquina derecha que en ese momento valía el empate— para los yugoslavos no sirvió de nada. El árbitro austriaco Pressler declaró tras el partido: "Con más esfuerzo, el Ferencváros podría haber conseguido un resultado aún mejor. Sin embargo, debo felicitar a los jugadores por su comportamiento disciplinado en el campo. A pesar de los seis goles encajados, el jugador que más me gustó fue el portero del Beogradski". De hecho, ese día muchas personas tuvieron la sensación de que el Fradi se había detenido en algún momento del partido.

****

En las semifinales se enfrentaron el Fradi y el Admira de Viena, que volvió a ser campeón de Austria. La estrella indiscutible de los austriacos, al igual que el año anterior, era Anton Schall, que volvió a ser el máximo goleador del campeonato. Nemzeti Sport señaló que Ferencváros se enfrentaría a un obstáculo extremadamente difícil. Una de las razones fue que pocos meses antes se había celebrado en Viena un minitorneo austro-húngaro en el que se habían enfrentado Ferencváros y Admira con un resultado desastroso para los húngaros: Admira había ganado 6-1. Las estrellas del partido habían sido los delanteros austriacos Stoiber y Sigl, que fueron respondidos en vano por Takács II, quien había marcado el único gol de los húngaros. Además, en los cuartos de final, el Admira había eliminado a un equipo fuerte como el Slavia de Praga, al batir seis veces al prodigioso portero Plánička en el partido de vuelta. Por ello, el equipo vienés recibió el apodo de Wunderteam, mucho antes de que la selección nacional austriaca fuese renombrada así[28].

El partido de ida se jugó en Viena y el Ferencváros —que en esta ocasión si podía contar con Bukovi— empezó con fuerza, ya que Turay se adelantó en el minuto tres con un tiro libre tras una mano en el borde del área. Pero, a pesar del gol, el equipo visitante siguió mostrándose mejor, y el Admira fue probablemente culpable de subestimar a su rival basándose en el amistoso

---

27   Hungária gana al Rapid por 3-1.

28   La selección nacional austriaca recibió el apodo de Wunderteam en mayo de 1931, tras una victoria contra Escocia.

que había ganado en verano. El susto para los austriacos llegó en el minuto 21 gracias a un gol de Sigl que aprovechó una indecisión del portero Amsel. Desde ese momento hasta el final de la primera parte, el Admira recuperó el coraje y trató de marcar un gol de remontada, pero Amsel mantuvo una buena guardia y no se dejó sorprender por segunda vez.

La segunda parte comenzó con la misma tónica que la primera, con el Fradi al ataque y marcando de nuevo. Esta vez fue Takács II quien marcó con una hazaña personal. El partido se volvió inquietante con repetidos enfrentamientos y el árbitro dando la impresión de haber perdido el control del juego. En el minuto 87, Sigl y Berkessy se enzarzaron en una pelea y un aficionado local intentó intervenir en defensa de su favorito, pero fue detenido a tiempo por dos policías. El partido terminó 2-1 a favor del equipo visitante, que tenía una ligera ventaja de cara al partido de vuelta. Un periódico vienés escribió: "En los primeros diez minutos, el ataque del Ferencváros recordó a las mejores líneas ofensivas de la historia de Hungría". Mihály Pataki, la antigua gloria y luego gerente del club húngaro, se habría centrado en el espíritu de equipo para contener a los temibles delanteros del Admira. Hungler, el capitán del Fradi, declaró: "Estoy muy contento con esta victoria, hemos demostrado que la derrota de este verano fue solo un accidente. Con un poco más de suerte podríamos haber vencido a nuestro rival con el mismo resultado". Sin embargo, este análisis no concuerda con los informes de la época, según los cuales una victoria húngara por el más estrecho margen era el resultado que mejor reflejaba el veredicto del campo, y por esta razón la vuelta parecía extremadamente equilibrada. Además, Nemzeti Sport había resaltado la baja en el rendimiento del delantero austriaco Schall, escribiendo que había paralizado la banda izquierda y que cualquier balón que había tocado lo había desperdiciado, a pesar del apoyo de Runge.

El partido de vuelta —el primero a nivel internacional que el Ferencváros jugó en su campo de Üllői útca— se iba a disputar en Budapest el 16 de septiembre. Rudolf Mütz, presidente del conjunto austriaco, se había ido a Budapest con el equipo para encontrar los gerentes de Admira, ya que habían habido discusiones acerca del arbitraje del partido de la ida. Mütz, al ser preguntado por los periodistas húngaros sobre las posibilidades de victoria de su equipo, dijo que estaba contento con la lluvia, ya que sus futbolistas jugaban bien en campos blandos. Imre Szigeti, el presidente de Ferencváros, había declarado: "¡Ganaremos 2-1!".

El de Budapest fue un partido extraño que se mantuvo en disputa durante casi los 90 minutos de juego, pero solo porque el Fradi, dominante en el partido, se esforzó por encontrar el gol de la victoria y se arriesgó a incurrir en la eliminatoria. Pero en el minuto 78 los aficionados húngaros respiraron aliviados: Rázsó, uno de los jugadores menos conocidos del club —ese día jugaba ya que su compañero Koszta tenía una lesión en la pierna—, perforó al portero del Admira y puso fin a la semifinal. El propio Rázsó comentó el gol al final del partido: "Nada más cruzar la línea de medio campo vi a Franzl muy desviado. Mi instinto me dijo que pateara hacia la portería. El Pequeño

Guerrero, como le apodó Nemzeti Sport, permanecería en el Ferencváros hasta 1930, marcando 22 goles en 120 partidos, dos de ellos memorables. El primero es la que acabamos de describir, el segundo lo marcaría Rázsó al año siguiente durante una gira de verano que Fradi realizaría por Suda-mérica. Fue un gol que nunca olvidaría, ya que se marcó contra Uruguay, la selección más fuerte de la época, que había ganado dos medallas de oro olímpicas en 1924 y 1928[29]. La dirección de Admira, a través de su presidente Rudolf Mütz, aceptó la derrota con deportividad: "Puedo decir honestamente que ganó el mejor equipo. Todos mis jugadores hicieron su parte, pero si el rival es superior, no se puede hacer nada".

****

En la final, los verdiblancos de Budapest se enfrentaron a los verdiblancos de Viena, el Rapid, que había vuelto a ser finalista. Dos equipos con almas y orígenes proletarios que atraían a la mayoría de sus aficionados de los su-burbios de las dos metrópolis. ¡La clase obrera iba al cielo!

El Rapid no había tenido un viaje fácil: había ganado dos eliminatorias en partidos de desempate, ante el Hungária en cuartos de final y ante el debu-tante Viktoria Žižkov en semifinales.

El partido de ida se disputó en Budapest ante 25 000 espectadores y en el minuto 20, gracias al doblete de Sedláček y al gol de Takács II, el Ferencváros parecía haber asegurado ya la final. Lo que impresionó fue la determinación y el ritmo de los húngaros, con sus rivales en dificultades. La primera parte terminó con una diferencia de tres goles y, mientras los equipos se encon-traban en los vestuarios, el famoso piloto húngaro Károly Kaszala hizo una presentación aérea.

La segunda parte continuó en la misma línea que la primera y el partido terminó 7-1, un resultado claro, pero justo, por lo que se vio en el campo, determinado por tres goles más de Takács II y uno de Kohut. Lo que sobre el papel iba a ser un partido abierto y reñido entre dos de los mejores equipos de Europa se convirtió en un dominio de uno sobre otro.

El partido en Viena, al que el Fradi llegó con la ventaja adquirida en la ida, ofreció una primera parte espléndida con varias ocasiones y reveses. La primera parte terminó 3-2 a favor del equipo local: para los austriacos marcaron Kirbes, un doblete, y Wesely, mientras que los goleadores fueron Kohut y Turay.

En la segunda parte, tras una tremenda jugada del Rapid que puso el 5-2 en el marcador en el minuto 53, la confianza de los húngaros empezó a fla-quear. La presión austriaca continuó, pero se interrumpió en el minuto 79 con el gol de Sedláček. El Fradi, que se quedó con diez jugadores[30], ganó el

---

29   Además, Uruguay organizaría y ganaría el primer Mundial de la his-toria en 1930.

30   Takács II se lesionó o fue expulsado, no está claro en las crónicas.

codiciado trofeo y coronó una temporada extraordinaria: la liga, la Copa de Hungría y ¡ahora la Mitropa! Fue el primer triplete de la historia del fútbol[31].

La copa, que había estado expuesta en la banda durante los 90 minutos, fue entregada por Mór Fischer[32] a los jugadores del Ferencváros, que tuvieron que correr a los vestuarios debido a la invasión del campo por parte de los aficionados vieneses. Los hinchas vieneses, furiosos por ver cómo se les escapaba de nuevo la copa en el último acto, siguieron abucheando incluso cuando el orador habló. En seguida intervinieron los dos presidentes Szigeti y Holub. Este último, en representación del Rapid, tuvo palabras deportivas para sus rivales, a diferencia de Dyonis Schönecker. Schönecker, un antiguo directivo del Rapid que no era conocido por su diplomacia, expresó su descontento con palabras muy duras. Las protestas de los vieneses continuarían durante los días siguientes: según su versión, el balón utilizado era una versión anticuada y no del tamaño correcto, a pesar de que ambos equipos lo habían acordado unos días antes. La sensación de muchos era que si Hugo Meisl, que estaba en Roma ese día para dirigir a su selección, hubiera estado presente en Viena, se habrían evitado ciertos disturbios.

Durante aproximadamente un año, el balón de la final de Budapest sería custodiado por Takács II. Entonces, durante un partido de su antiguo equipo, el Vasas, un equipo histórico de la capital húngara que había descendido recientemente, Kis Taki, o Pequeño Taki, como le apodaban, acudió al estadio con un sombrero y una bolsa en la mano. Su presencia no pasó desapercibida para el público del Thököly Út[33] y, al final del partido, cuando los rivales abandonaron el campo, el delantero se dirigió hacia los jugadores locales y les entregó el balón con el que había marcado cuatro goles en el partido de ida.

Kis Taki fue, sin duda, uno de los rostros más famosos del fútbol magiar de la preguerra, un extraordinario goleador al que solo se le atribuía un gran defecto: pocos goles en el juego aéreo. En un partido amistoso, a petición de sus seguidores, el delantero prometió romper ese tabú. Esperó un centro decente durante casi todo el partido y, al final, desanimado, decidió hacerlo solo: se burló de toda la defensa rival, sentó al portero, colocó el balón en la línea de gol y, tras arrodillarse, lo cabeceó a la red. El estadio estalló de júbilo, pero se congeló un momento después: el árbitro había decidido anular el gol porque vio una falta de respeto a sus rivales.

---

31   El Ferencváros ya habría conseguido un primer Triplete, como hemos señalado, en 1909, pero la Challenge Cup y la Ezüstlabda eran competiciones demasiado diferentes para ser comparadas con la Copa Mitropa y la Copa de Hungría.

32   Fischer era un ingeniero y diplomático húngaro que, en los años posteriores a la Gran Guerra, organizó varias reuniones internacionales para organizar a las naciones.

33   Thököly Út es la calle donde se encontraba el estadio de Vasas.

CAPÍTULO 4

1929 - CAMPEONES EN EUROPA, FIGURANTES EN HUNGRÍA

La edición de 1929 fue la primera en la que participaron equipos italianos. La federación italiana había enviado su candidatura en marzo de 1929 —después de que Meisl la invitara a asistir a una reunión en Budapest el 3 de febrero— y fue admitida unos meses más tarde, el año en que la liga italiana adoptó el sistema de ronda única. Los miembros del comité italiano, algunos de los cuales permanecerían en el cargo hasta 1940, eran el Av. Giovanni Mauro, Giuseppe Zanetti, secretario general de la FIGC al que los periódicos italianos llamaban Maestro, el ingeniero Ottorino Barassi y el comisario Mario Ferretti. Los equipos yugoslavos dejaron paso a los clubes italianos. El comité había decidido excluir a la federación yugoslava por tres razones principales: los viajes eran muy caros, los partidos atraían a pocos espectadores y las selecciones locales aún no eran competitivas[34], por lo que la candidatura de Suiza también fue rechazada. El formato del torneo, sin embargo, no había cambiado: comenzaba con los cuartos de final y terminaba con una doble final. Henrik Fodor había propuesto un reparto diferente de los beneficios —50% para el equipo local y 50% para el visitante—, pero la idea fue rechazada y se mantuvieron las antiguas reglas. Fue la primera edición en ser reconocida oficialmente por la FIFA, que ese año, antes de comenzar el evento, había pedido al comité que le enviara los resultados de las ediciones anteriores para incluirlos en sus almanaques. Y al final de la tercera edición, los miembros fundadores de Mitropa recibirían una medalla de oro de la FIFA en una conferencia en Viena.

Al final de la competición, Francia, en un intento de copiar el formato de Mitropa, invitaría a Luxemburgo y Portugal a establecer una Copa de Europa Occidental y una idea similar se impuso en el norte de Europa. Sin embargo, ambos proyectos nunca vieron la luz.

Debido a las giras ya organizadas en los meses anteriores en Sudamérica, Bologna y Turín, los ganadores de sus respectivas rondas italianas, no pudieron participar en el evento. Así, el 12 de mayo, el comité se reunió

---

34   La candidatura de Alemania volvió a estar en boca. Aunque algunos equipos estaban a favor, la DFB (la federación alemana) volvió a vetarla.

en Génova y permitió a Italia invitar a dos participantes más. La federación italiana decidió realizar un sorteo entre cuatro equipos que daría lugar a la organización de dos partidos, cuyos ganadores representarían a su país en la fase europea. El sorteo, que tuvo lugar ese mismo día, estableció los siguientes emparejamientos: Génova-Milán y Juventus-Ambrosiana[35]. Hungría también tuvo que prescindir de su defensor del título, ya que Ferencváros, ganador de la anterior edición de la Mitropa, también prefirió viajar a Sudamérica.

El comité decidió que el campeón austriaco se enfrentaría al ganador del Milan-Génova; el ganador de la Copa de Checoslovaquia Újpest, al ganador de la Copa de Austria, Hungária; y el ganador de Ambrosiana y Juventus, al campeón checoslovaco. También se habló de las designaciones de árbitros y de la nueva edición de la Copa Internacional, y al final de la reunión se enviaron dos telegramas: uno a Hugo Meisl[36] para desearle una buena recuperación[37] y otro al presidente de la FIGC, Leandro Arpinati, para agradecerle su hospitalidad.

****

Los primeros clubes de Budapest se crearon unos años después de los de Viena. La mayoría eran secciones de clubes que existían desde hacía años y que habían decidido incorporar el fútbol a sus disciplinas en base al crecimiento de su popularidad en las calles, jardines y suburbios de la capital. El primer club polideportivo que fundó un club de fútbol fue el Budapest Torna Club, más conocido como BTC, y en poco tiempo fue emulado por otros: uno de ellos fue el Újpesti Torna Egylet, conocido como UTE, más tarde llamado Újpest FC[38]. En 1885, János Goll, Antal Berényi, Ábris Székely-Sonnenfeld y Gyula Ugró se reunieron en un bar de Deák ütca[39] y decidieron fundar

---

35   Al igual que Génova se llamaba en los periódicos italianos —y a veces Génova 1893—, el Inter, tras la fusión con la Unione Sportiva Milanese, pasó a llamarse Ambrosiana. La Juventus y el Génova pasaron a los cuartos de final, este último gracias a un empate en la sede de Milán tras la repesca.

36   Los periódicos italianos le llamaban Ugo Meisl, al igual que al entrenador húngaro del Inter y del Bologna, que se llamaba Veisz en lugar de su versión húngara Weisz.

37   Hugo Meisl no se encontraba bien y había estado fuera de Viena durante un tiempo.

38   Los principales clubes de fútbol de Budapest se fundaron en el siguiente orden cronológico: BTC en 1897, Újpest en 1899, Ferencváros en 1900 y MTK 1901. En 1901 también se celebraría el primer campeonato húngaro, por lo que antes de esa fecha los equipos de Budapest nunca participarían en la Challenge Cup.

39   *Ütca* significa "calle" en húngaro.

el club. El 16 de junio de ese mismo año se oficializó el nacimiento de la UTE: se adoptó el lema "Integridad, Fuerza y Entendimiento" y los colores del club fueron el morado y el blanco, que también fueron utilizados por el equipo de fútbol años más tarde, razón por la cual los jugadores del Újpest FC siguen siendo apodados Lilák, los Lilas. Újpest —actualmente un distrito de Budapest— fue en su día una pequeña ciudad a las afueras de la capital y un importante distrito industrial. Fue fundada por Izsák Löwy, a quien, por ser judío, se le había negado la oportunidad de abrir una fábrica de zapatos en Pest.

El club, que ese año participaría en la Mitropa debido a la ausencia del Ferencváros, no contaba con la tradición del Hungária ni la del Fradi, pero en pocos años se convertiría en un serio aspirante al título, y en los años 30 abastecería a la selección nacional húngara en la misma medida que los equipos más conocidos de Budapest.

En 1922 se construyó el primer estadio moderno del Újpest[40] en Megyeri ütca y fue en esos años cuando el club empezó a ocupar los primeros puestos de la liga. Se hizo famoso por el Fogl-gát, el dique Fogl, compuesto por los hermanos Károly y József, que en aquella época eran los únicos jugadores de Újpest convocados regularmente a la selección nacional[41]. Además de interpretar a la perfección el estilo danubiano, el Újpest contaba con una línea de ataque con una peculiaridad: tres de sus delanteros, Avar, Wetzer y Ströck, habían nacido en la región de Hungría que había pasado a estar bajo control rumano tras la derrota del Imperio Austrohúngaro en 1918. Los tres habían tenido la misma parábola: habían comenzado sus carreras en Rumanía y posteriormente habían aterrizado en suelo húngaro. Mientras que Avar y Ströck jugarían en ambas selecciones, Wetzer solo jugó en el equipo rumano y participó en el Mundial de 1930.

****

El sorteo no había sido benévolo con los hombres de Bányai: los rivales de los Lilák era el Sparta, ganador de la primera edición del evento. El Újpest jugaría el partido de ida de los cuartos de final en casa el 22 de junio, pero no en su propio campo, ya que el partido se disputaría en el campo de Hungária ante 5000 espectadores.

Para sorpresa de los espectadores, a los cinco minutos los húngaros ya tenían dos goles de ventaja gracias a dos penaltis: los defensores visitantes Perner y Burgr habían tocado el balón con las manos en su propia área y en ambas ocasiones Szabó no los perdonó. El partido continuó con

---

40   El estadio se nombraba a menudo Megyeri út.

41   A pesar de que el entrenador húngaro Kiss también convocó esporádicamente al delantero Albert Ströck y al defensa László Sternberg, que años más tarde se convertiría también en capitán.

la misma tónica, pero a pesar de varios saques de esquina y ocasiones para los locales, la mayoría de las cuales fueron salvadas por el portero checoslovaco Hochmann, la primera parte terminó con un 2-0.

En la segunda parte se produjo un auténtico espectáculo de Avar, que marcó un triplete. El gol de Wetzer elevó a seis la cuenta de los locales, y a cuatro minutos del final Jiran marcó la bandera checoslovaca. Los periódicos de Praga solo aplaudieron a Hochmann y se ensañaron especialmente con el centro del campo, debilitado al final de la primera parte por la lesión de Kolenatý. El jugador había sido sustituido en esa posición por Hajný y, como solían hacer los jugadores lesionados en aquella época, había pasado a ocupar la banda, pero en realidad ya no podía correr. Según algunos periódicos locales, el Újpest había realizado ese día la mejor actuación de la temporada y quizás de su historia. El presidente húngaro Ferenc Langfelder declaró: "El Sparta había declarado que no solo era favorito para este partido, sino también para la victoria final. Y, seamos sinceros, afrontamos el partido con cierta preocupación. Incluso nuestros seguidores más acérrimos no podían creer el marcador de 6-1 a nuestro favor. Hemos visto minutos de gran fútbol, algo totalmente nuevo en Újpest. Fuimos mejores en todos los aspectos y creo que las declaraciones del Sparta nos dieron el impulso necesario".

El 3 de julio se jugó el partido de vuelta en la capital checoslovaca ante 22 000 espectadores y bajo las órdenes del árbitro italiano Barlassina. Sparta, en virtud del resultado del partido de ida, sabía que solo podía apelar a un milagro. El partido estuvo equilibrado en los primeros compases, con ambos equipos acercándose al gol. Luego, en el minuto 42, el partido se volvió imparable cuando Patek fue derribado en el borde del área y Haftl centró para Silný, cuyo cabezazo fue bloqueado por el portero antes de que Madelon pudiera marcar.

En el minuto 60, Silný se lesionó tras una colisión cerca del área húngara y estuvo de baja unos ocho minutos. Mientras tanto, Barlassina expulsó a Fogl III del campo por una falta sobre Haftl. Silný volvió entonces al terreno de juego, pero a causa de la lesión se trasladó al lateral. En el minuto 77, Madelon dobló el marcador en un barullo en el tercer córner del Sparta. Al final, el Újpest supo defenderse bien y un partido bien arbitrado por Barlassina, que parecía impermeable a las protestas y reacciones del público, terminó 2-0. A excepción de Silný, recién lesionado, y de Madelon, que marcó los dos goles, los periódicos de Praga criticaron la falta de mordiente de la línea ofensiva. El portero húngaro Acht y el dúo defensivo del Újpest fueron especialmente elogiados. Había sido un partido duro y nervioso, y al final del mismo los jugadores húngaros habían salido corriendo hacia los vestuarios mientras eran perseguidos por los hinchas locales que pretendían patearlos y golpearlos. Langfelder también arriesgó su propia seguridad, pero afortunadamente logró salir del campo por una puerta lateral. Sin embargo, fueron los húngaros quienes pasaron a las semifinales.

****

En la semifinal, el Újpest se enfrentó a un adversario igualmente duro, un rival con ganas de revancha, ya que se le había escapado la victoria en la final en las dos primeras ediciones: el Rapid Viena. Al igual que el Újpest, el Rapid había asegurado su clasificación en el partido de ida dando una lección de fútbol al Génova. El partido terminó con un 5-1 y la vuelta con un 0-0. Los periódicos italianos se deshicieron en elogios hacia el equipo vienés. Escribían que el fútbol austriaco —encarnado por el Rapid— era superior al de cualquier otro movimiento europeo, y elogiaban a algunos jugadores como Horvath, definido como "el fenómeno longevo", Wesely y los jugadores internacionales austriacos Smistik[42] y Schramseis. También recordaron a campeones del pasado como Brandstetter y, sobre todo, a Edi Bauer, actual entrenador de los verdiblancos, al que calificaron como "el mejor jugador que ha tenido Austria". Y aunque la frase "los equipos austriacos muestran cómo marcar goles, los húngaros... los hacen", La Gazzetta dello Sport señaló que el Rapid tenía el "mordiente de un equipo latino". Con estas credenciales, los austriacos se enfrentarían al Újpest en la ida de las semifinales el 21 de agosto. De hecho, el partido corrió el riesgo de ser aplazado: apenas unas horas antes de su comienzo se supo que el árbitro no estaba disponible. Aunque la federación italiana había dado a conocer el problema unos días antes a través de un telegrama, por interferencias nadie lo había abierto. Hubo que encontrar una solución de emergencia, aunque esto iba en contra del reglamento: un árbitro local, el silbante Majorszky, tuvo que dirigir el partido.

El partido, con 10 000 espectadores, fue muy disputado desde los primeros minutos. El húngaro Köves abrió el marcador en el minuto 17 con un disparo desde la línea frontal del área, tras recibir un pase en un saque de esquina. A los dos minutos de la segunda parte, Kirbes empató para los austriacos, pero en el minuto 80, Ströck marcó el gol de la victoria para los Lilák.

Al partido de Viena asistieron 22 000 espectadores, el doble de los que habían apoyado a Újpest cuatro días antes. Desde el primer minuto, la suerte pareció ayudar a los vieneses y enseguida se adelantaron con Wesely. El extremo izquierdo austriaco aprovechó la asistencia de Horvath sin que el rival pudiera tocar el balón. Tras una ocasión de Avar, cuyo disparo en solitario acabó muy por encima del travesaño, los locales doblaron con Kirbes, que se anticipó al portero rival y marcó de cabeza.

En la segunda parte, los húngaros acortaron distancias con un potente lanzamiento de falta de Avar, antes de que Horvath marcara el 3-1. El último gol, marcado de nuevo por Avar, llevó a los dos equipos a la eliminatoria. El partido terminó en medio de las protestas de los húngaros, que alegaron que un penalti anulado habría supuesto su pase directo a la final. Al día siguiente del partido, el Rapid presentó una reclamación al comité en la que, alegando la ausencia de un árbitro neutral en el partido de ida, pedía que se

---

42   Smistik jugaba como centro de apoyo, pero en comparación con Káďa y Bukovi era más interdictor y menos creador de juego.

le concediera la victoria por 3-0. En un principio, el comité acordó otorgar un resultado de 0-0, lo que habría beneficiado a los austriacos ya que habían salido victoriosos en el partido de vuelta, pero al final dieron marcha atrás y dejaron el resultado inalterado. Por lo tanto, se confirmó la eliminatoria y el Rapid, que inicialmente había amenazado con retirarse de la competición, decidió continuar[43].

El partido decisivo se jugó exactamente un mes después en la sede neutral de Praga. Ante 15 000 espectadores, el tiempo reglamentario terminó 1-1. Un centro de Avar desde la banda fue respondido por un disparo lejano del austriaco Wesely. Avar volvió a ser decisivo, al marcar dos goles más en la prórroga, antes de que los ánimos se caldearan. Los austriacos Kirbes y Cejka, que fueron expulsados por el árbitro italiano Carraro, y cuya actuación fue calificada por el Prager Presse como una de las mejores que se han visto en Praga, fueron los destinatarios. Avar habló de una merecida victoria al final del partido y alabó la ayuda que recibió de sus compañeros, en particular de Wilhelm, Spitz y Szabó, que dio tres asistencias. El público de Praga, que en un principio se inclinaba por el Rapid, se vio gratamente sorprendido por el juego de los húngaros a medida que pasaban los minutos, y algunos de los aficionados comenzaron a apoyar al Újpest. Acht, el portero de los húngaros y protagonista de una gran actuación, fue llevado en volandas por sus compañeros y por la afición, al igual que József Fogl y Borsányi. El Rapid, debido a la lesión del joven Kaburek, había desempolvado al veterano Kuthan, quien, sin embargo, parecía decididamente fuera de forma. Los húngaros fueron recibidos por una multitud de unos 500 fanáticos que siguieron animando a sus favoritos hasta que el autobús del equipo se marchó. Algunos reporteros de Sporthirlap incluso se subieron al autobús para agradecer al público su cálido aliento. En cuanto el Újpest puso el pie en su hotel, los jugadores recibieron telegramas de felicitación de Ferencváros y de Hungría. Tras derrotar a los campeones de Checoslovaquia y Austria, los Lilák se habían ganado su puesto en la final.

****

El Újpest llegó así a la final contra el Slavia de Praga, una reedición de los cuartos de final de 1927. Los checos se habían enfrentado a la Juventus y al First Vienna en su camino hacia la final y habían pasado apuros en ambos, pero luego, gracias a los partidos en casa y al calor familiar del público, llegaron a la final[44]. El partido en casa contra la Juventus se disputó en unas

---

43   En su queja ante la comisión, la dirección del Rapid también alegó que el gol de Ströck en el partido de ida se marcó después de haber cruzado la línea de gol.

44   Una tendencia característica de las primeras ediciones de la Copa Mitropa fue la importancia del factor casa. Entre 1927 y 1929, se consiguieron un total de cuatro victorias a domicilio, dos de ellas contra equipos yugoslavos.

circunstancias que hoy serían impensables: unas horas antes del comienzo del encuentro, un tremendo aguacero cayó sobre Praga y continuó durante todo el partido. Así que, cuando comenzó el partido, los dos porteros lo pasaron mal durante la primera mitad y varios jugadores se vieron envueltos en el barro.

El partido de ida entre el Újpest y el Slavia, arbitrado por el austriaco Braun, se disputó en Budapest ante 16 000 espectadores, estando animado desde el principio: ambos tuvieron buenas ocasiones antes de que el partido se suspendiera durante un minuto a los 40 para conmemorar la muerte de Károly Iszer, presidente del club húngaro BTC[45]. Los goles comenzaron a llegar en los minutos siguientes: primero Spitz marcó el 1-0 tras un centro de Szabó y al minuto siguiente Puč, asistido por Junek, igualó el marcador.

El equilibrio se rompió en la segunda parte, cuando los húngaros marcaron tres goles en los primeros 25 minutos. Avar transformó un disputado tiro libre desde el borde del área antes de que Ströck, asistido por el imparable Avar, hiciera el 3-1. Apenas un minuto después llegó el 4-1, cuando Borsányi, tras avanzar con el balón, sirvió a Ströck, cuyo centro fue cabeceado a la red por Spitz. Según algunos, Pláníčka, normalmente irreprochable, podría haber hecho más. El Slavia regresó, pero sin éxito. En el minuto 75 llegó el 5-1 definitivo: Avar superó a varios rivales y cedió a Szabó, que introdujo el balón en la portería de Pláníčka. Al final del partido, Borsányi dijo que estaba satisfecho con la ventaja obtenida de cara al partido de Praga y que el equipo de Budapest había demostrado ese día que también se podía vencer a Pláníčka.

Pláníčka, que fue criticado por la prensa local, afirmó que los goles eran imparables, ya que todos llegaron desde cerca. Añadió que consideraba que los checos habían gastado toda su energía en la primera parte y que eso les había pasado factura en la segunda. Madden, el entrenador de los bohemios, justificó la actuación de su equipo señalando que el Slavia no había jugado mal, sobre todo en la primera parte, pero que el Újpest había tenido el mérito de aprovechar algunas situaciones a su favor. Tusch, presidente de la Federación de Fútbol de Alemania del Sur, habría declarado: "El Újpest juega hoy al fútbol de verdad, el fútbol académico del Slavia es cosa del pasado".

La final de vuelta se jugó en Praga dos semanas después. El resultado de la competición parecía una conclusión previsible para muchos, aunque algunos aficionados del Slavia parecían seguir creyendo en él hasta el punto de que, justo a la salida de la estación de Wilson, colgaron una enorme bandera verde en la que se leía "¡6:0!". Justo debajo del resultado esperado se leía que el 5-1 de la ida no sería suficiente para los húngaros y que la desventaja de cuatro goles era recuperable. Del mismo modo, un joyero local llamado Mann prometió regalar al hombre que marcara un hat-trick un reloj Omega de oro.

---

45   Iszer fue uno de los cofundadores de la primera federación de fútbol húngara en 1897. También fundó *Sportvilág*, el primer periódico deportivo de Hungría.

El partido, disputado con miles de aficionados agolpados alrededor del campo[46], comenzó con el Slavia al ataque. En los primeros minutos, solo la imprecisión de los delanteros checoslovacos, y un penalti que el húngaro Acht detuvo a Junek en el minuto 20, impidieron que el Slavia se adelantara en el marcador; pero entonces, en el minuto 29, el mismo Junek marcó. Ženišek devolvió un balón que iba hacia Joska y Junek, y este último, tras controlar, chutó débilmente a puerta, pero debido a la torpe intervención de Acht el balón entró. El estadio se animó y poco después, en el minuto 38, estuvo a punto de volverse a animar: Joska había hecho una carrera hacia la portería de Acht, pero se resbaló e hizo un mal disparo.

En el minuto 57 se concedió un segundo penalti y esta vez Acht no pudo hacer nada ante el remate de Kratochvíl. El público, al ver que se acercaba la remontada, empezó a emocionarse. Pero fue el Újpest el que aumentó su intensidad: primero Plánička frustró el gol de su rival con una tremenda zambullida, y luego, a los dos minutos, los húngaros empataron por medio de Szabó y Ávár, que batieron con frialdad a Plánička desde cerca. El 2-2 final significó que la copa se quedaría en Hungría, pasando del noveno distrito de la capital —Ferencváros— al cuarto —Ujpest—. El Prager Presse, que criticó a los delanteros del Slavia, especialmente a Junek por desperdiciar varias ocasiones, alabó al Újpest, escribiendo: "¡Me quito el sombrero ante los húngaros!". Los Lilák fueron bloqueados por sus propios hinchas, que los subieron a hombros y los llevaron en volandas antes de que pudieran llegar a los vestuarios. Al final del partido, el seleccionador Bányai se mostró encantado con la actuación de su equipo y con el hecho de que Hungría haya conservado la copa. Langfelder se hizo eco de él: "A pesar de los dos penaltis en contra, no estoy insatisfecho. El hecho de que hayamos ganado a equipos como el Sparta, el Rapid y ahora el Slavia significa que nos merecemos la Középeurópa Kupa, o Copa de Europa Central, como la llaman en el extranjero". Esa misma noche se celebró la ceremonia de entrega de premios. Mór Fischer, el presidente del comité de ese año, entregó una copa de consolación al Slavia y luego las medallas de oro y la copa a los jugadores del Újpest y a su presidente. El portero Acht recibió una carta que le hizo saltar de alegría tanto como la medalla de oro. La carta decía:

"Querido Jancsi[47], me alegra saber de tu gran éxito, que es un éxito para todo el movimiento deportivo húngaro y su Federación. Le deseo que este no sea más que el primer triunfo de su carrera entre los puestos. ¡Seguid con el buen trabajo! Un cordial saludo, Károly Zsák".

---

46   Los periódicos checoslovacos señalaron que la capacidad del estadio era inadecuada para albergar tal evento.

47   Jancsi es el apodo de Janós, el nombre del portero del Újpest.

Zsák[48] había sido un icono del fútbol magiar, un portero que no solo marcaba la pauta por su estilo bajo los palos, sino que también era conocido por su habilidad para lanzar penaltis —marcó alrededor de 40 en su carrera—, y Acht, tras dar las gracias a su colega mayor, decidió enmarcar la carta y guardarla en su habitación. Fue un caso especial para el Újpest, tal vez único: el primer triunfo europeo había precedido al primer título nacional, una satisfacción que de todas formas no tardaría en llegar.

---

48   Zsák había sido durante mucho tiempo miembro de la selección nacional húngara. Sin embargo, al no jugar en uno de los principales equipos de la capital, no tuvo mucho protagonismo y fue convocado como reserva tanto en los Juegos Olímpicos de 1912 como en los de 1924. A principios de la década de 1920, siguió jugando a pesar de tener un dedo amputado, hasta que, en 1927, el médico que le operó le ordenó que dejara de hacerlo.

CAPÍTULO 5

1930 - EL RAPIDGEIST

Hugo Meisl se ha recuperado por fin y ha vuelto a sus tareas. Había recibido un telegrama de Budapest de la Federación Húngara que decía:

"Muchas gracias por el valioso e inestimable servicio que nos ha prestado al tratar el asunto entre nuestra Federación y la Federación Checoslovaca en aras de la paz. Estábamos seguros de que su valiosa y respetada persona y su intervención habrían orientado el asunto hacia una solución pacífica. Ahora que el caso se ha resuelto, en nombre de todo el movimiento deportivo húngaro expresamos nuestra gratitud. Nunca olvidaremos su amable ayuda."

1930 fue un año especial, ya que se iba a celebrar la primera Copa del Mundo de la historia, y una de las cuestiones que tenían sobre la mesa Meisl[49] y sus colegas tenía que ver con el Mundial: si ninguna de las federaciones participantes se iba a Uruguay, la cuarta edición de Mitropa se celebraría regularmente. Meisl también argumentó que las federaciones deberían comprometerse a promover la participación de sus mejores equipos, y al final todos estuvieron de acuerdo. Hungría, Italia y Checoslovaquia nombraron al ganador del campeonato y al subcampeón, mientras que Austria nombró al ganador del campeonato y al de la Copa de Viena[50]. Una vez que todas las federaciones rechazaron la invitación de la FIFA para participar en el Mundial, se hizo oficial la cuarta edición de la Copa Mitropa. La competición fue una de las más largas, ya que los cuartos de final se celebraron en junio, y la doble final en noviembre. Esto se debió a varias eliminatorias y a la escalada de problemas, como las protestas, las amenazas de boicot y los aplazamientos.

****

El Rapid Viena fue el equipo más exitoso de la capital austriaca en los primeros años de la posguerra. Participando en todas las primeras ediciones de la Copa Mitropa, se había consolidado como uno de los clubes más im-

---

49   Entretanto, Meisl se había recuperado y había vuelto a colaborar a tiempo completo con Mitropa.

50   A partir de 1935, la competición pasaría a llamarse Copa de Austria.

portantes de Europa; reputación que era reconocida tanto en su país como en el extranjero. Lo único que faltaba en la entonces joven historia de las competiciones europeas era la última pieza del puzzle: ganar la Copa Mitropa. Tras dos finales perdidas y una semifinal que se esfumó en medio de la polémica, los verdiblancos volverían a aparecer en el escenario europeo como favoritos. El club, que había surgido en las afueras de Viena y era popular entre las clases trabajadoras y obreras, conseguía combinar el estilo de juego refinado y elegante típico de los clubes del Danubio con un espíritu de lucha poco común, conocido en Viena como Rapidgeist. Este concepto fue bien descrito en un artículo del Illustriertes Sportblatt en 1927:

"Los jugadores del Rapid nunca defraudan a sus seguidores, porque no se rinden hasta el pitido final. Las raíces de Rapid son la población local, y esas raíces nunca han sido repudiadas. Los verdiblancos son una formación proletaria en el mejor sentido de la palabra".

La rivalidad que los aficionados del Rapid sentían con más fuerza era la que mantenían con el Austria Viena. Era un derbi que tenía connotaciones no solo deportivas, sino también sociales e identitarias. Los éxitos del club en los años posteriores a la Primera Guerra Mundial estuvieron ligados en gran medida a la figura de Josef Pepi Uridil, apodado Der Tank, un joven que encarnaba más que nadie el arquetipo de jugador del Rapid: había nacido en las afueras de Ottakring y, al igual que otros jugadores y directivos del club, era de origen bohemio[51]. Irrumpió en el fútbol al final de la Primera Guerra Mundial, en cuanto se reanudaron los campeonatos. Muchos consideraron que el entonces delantero centro del Rapid, Richard Rigo Kuthan, estaba desaparecido. Había luchado en Rumanía, en el Piave, en el Isonzo y acabó en Verdún. A partir de entonces se perdió su rastro hasta que reapareció 28 días después en un entrenamiento de los verdiblancos en un estado físico deteriorado. Uridil le sustituiría más que dignamente y solo unos meses después, cuando Kuthan se había recuperado, ambos formaban un dúo de ataque irresistible. La fama de Uridil alcanzó un nivel sin precedentes, que iba mucho más allá del Hütteldorfer, el barrio donde todavía se encuentra el Rapid; hasta el punto de que dos conocidos cantautores vieneses de la época, Robert Katscher y Hermann Leopoldi, escribieron la canción Heute spielt der Uridil! —¡Hoy juega Uridil!—, que pronto se convirtió en un estribillo del estadio cantado por los aficionados del Rapid domingo tras domingo y en una canción conocida en toda la capital[52]. Debido a sus orígenes y a la

---

51   La presencia bohemia en las filas del Rapid también estaba muy extendida a nivel técnico y de gestión. En el Rapideum, el museo de la empresa del Rapid, un panel subraya el carácter multiétnico del club: mientras que en los años de entreguerras la alineación incluía varios elementos de origen bohemio y moravo, en años más recientes han jugado en el club varios jugadores austriacos de origen turco.

52   Como se ha señalado, fue precisamente *Heute spielt der Uridil!* la que inspiró la canción de Karel Balling dedicada a Káďa.

humildad que había conservado a pesar de su fama —que, como dijo en una entrevista, había empezado a pasarle factura con el paso de los años—, muchos aficionados del Rapid le consideraban uno de los suyos. Quienes le habían visto jugar aseguraban que una de las prerrogativas del Tanque era la progresión del balón con el pie, que culminaba las más de las veces con el delantero, el balón y uno o dos contrarios dentro de la portería contraria. El declive del emblemático delantero de origen bohemio coincidió con el hundimiento temporal del Rapid, cuyo mejor resultado entre 1924 y 1928 fue un quinto puesto. A partir de 1928, con la ayuda de un equipo renovado, el Rapid volvió a triunfar a nivel local y ahora aspiraba a cumplir el sueño de su deus ex machina, Dyonis Schönecker, de convertirse en el equipo más fuerte del continente.

****

El destino había vuelto a enfrentar a los austriacos con Génova. Sin embargo, a diferencia del año anterior, la participación del Génova en la competición no fue casual: los hombres de De Vecchi —que entretanto había colgado las botas y se había convertido en entrenador del club ligur— habían luchado hasta el final por el título con la Ambrosiana, obteniendo el segundo puesto en la clasificación y el consiguiente acceso al certamen. El partido de ida se disputaría en Génova bajo las órdenes del árbitro Stefanovsky, el mismo que había dirigido el Génova-Rapid el año pasado. El favorito, por razones obvias, era el Rapid, que salió al campo con ocho miembros de la selección nacional austriaca.

El partido abrió con el equipo local proyectado hacia delante: Levratto remató espléndidamente un centro de Banchero, pero el balón acabó alto. Unos minutos más tarde, el Rapid respondió y, en la elaboración de un córner, un débil disparo de Weselik se estrelló en el poste. La trama del partido presentó continuos cambios de frente: los italianos estuvieron a punto de marcar en un par de ocasiones, pero en ambos casos Bugala, el portero austriaco, dijo no a los delanteros rojiazules, y tras una prodigiosa intervención recibió el apretón de manos de Levratto. Siguió una fase convulsa y caótica, llena de enfrentamientos en el juego. Levratto y Banchero fueron desembarcados alternativamente por sus adversarios. Schramseis, en particular, no quiso hacer cumplidos a los delanteros italianos. A pesar de los continuos ataques de los dos equipos —la última ocasión fue del austriaco Kaburek, cuyo disparo fue atajado por Bacigalupo—, la primera etapa terminó en empate.

La segunda parte comenzó con una explosión: en el minuto cuatro, Banchero, el Hombre del Barro[53], tras superar a un adversario, lanzó un disparo a bocajarro que golpeó el travesaño interior de la portería austriaca y entró.

---

53   Elvio Banchero debe su apodo a su paso por el Alessandria. El Alessandria jugaba en un terreno de juego en mal estado, por lo que recibió el apodo de Fábrica de Barro, y Banchero, al ser el principal artillero, se convirtió en el Hombre del Barro.

¡1-0! El Génova insistió y se lanzó en busca del segundo gol, pero en el desarrollo de un tiro libre fue el Rapid quien encontró el empate: el especialista Wesely pateó un tiro libre que Bacigalupo rechazó con el puño entre los pies de Luef, el cual, a pocos pasos, introdujo el balón en la red. El desafío se reavivó desde lo que parecía una agonía del fútbol, y el final dio más de una emoción. Primero Levratto estuvo a punto de marcar tras quitarle el balón de las manos a Bugala, y luego el Rapid se acercó al gol en tres ocasiones: Bacigalupo dijo que no con dos intervenciones sensacionales y Wesely estrelló un balón en el poste, el segundo de su partido. Era un empate, y todo se decidiría en Viena. El numeroso público presente en el estadio quedó decepcionado por una actuación que no estuvo a la altura de las expectativas. El Génova parecía tener miedo y el Rapid parecía estar contento. Sin embargo, los periódicos dieron crédito al equipo local por haber resistido a los austriacos. Destacaron las positivas actuaciones de Levratto, que gracias a su agudo regateo pudo eludir a menudo la marca del defensa vienés Schramseis y de Casanova, quien fue definido como "muy fino distribuidor y excelente táctico".

En la previa del partido, entre los directivos de ambos equipos había surgido un tira y afloja: el Rapid había pedido el aplazamiento del partido de vuelta por estar inmerso en una gira por Escandinavia[54], pero el Génova no había aceptado para no complicarse el calendario. Como justificación, el Génova había esgrimido el hecho de que había tenido que renunciar a algunos partidos amistosos igualmente remunerados en Barcelona para cumplir sus compromisos con el comité. La decisión final se puso entonces en manos del propio comité, que, de no haber respaldado la petición del Rapid, se habría visto obligado automáticamente a asignar la clasificación a Génova[55]. Al final, se encontró una solución: el partido de Viena se jugaría el 3 de septiembre.

El Génova afrontó el partido de vuelta con un cambio de banquillo: De Vecchi había sido sustituido por el entrenador Etienne Szekany-Cicagne[56], que se sumaba a la colonia de técnicos húngaros al frente de equipos italianos. Szekany, que estuvo presente en el Marassi el día del partido de ida, había tenido una carrera poco estimulante como jugador. Llevaba gafas debido

---

54   El equipo vienés tomaría el tren a las 6:25 del día siguiente al partido de ida.

55   En un artículo marginal, *La Gazzetta dello Sport* dedicó unas líneas a los resultados de la jornada inaugural del Mundial, que había comenzado la víspera en Uruguay.

56   Nacido con el nombre húngaro de Géza, Szekany adquirió el nombre de Etienne después de trabajar como instructor de educación física para varias instituciones en Bélgica, donde también entrenó al equipo Union Saint Gilloise durante años, ganando un título de liga al final de la temporada 1922/23.

a un problema de visión y, como resultado, unos años más tarde, cuando solicitó ser árbitro, el panel de árbitros se vio obligado a rechazar su solicitud. El precedente de la edición del año pasado —así como los pronósticos en la víspera— no auguraban nada bueno para los italianos, que sin embargo esperaban un descenso de la condición del rival debido a los 17 partidos que estos tuvieron que jugar en 40 días entre Escandinavia y Holanda.

Condicionado o no, el desafío dirigido por el árbitro suizo Ruoff comenzó con un súbito golpe de efecto: Levratto marcó con un disparo en el primer minuto, sorprendiendo al portero adversario que aún no se había colocado delante de la portería. Sin embargo, a partir de ese momento comenzó el asedio austriaco: primero Kirbes empató con una asistencia de Wesely, y luego Luef, con el Génova momentáneamente con diez por la lesión de Burlando, volteó el resultado. La presión del Rapid continuó y hacia el final de la primera parte, tras un choque entre Bacigalupo y Weselik, el portero genovés tuvo que abandonar el campo. Volvió al campo con la cara vendada y la visión reducida. Por suerte, Barbieri, que había estado de manera improvisada como defensa titular, solo estuvo unos minutos.

En el segundo tiempo, los vieneses completaron su monólogo: marcaron cuatro veces más con Kaburek, el doble de Wesely y Weselik. Wesely, veterano de 33 años en la formación verdiblanca[57], fue el mejor en el campo gracias a los goles y asistencias que dio a sus compañeros. También merece una mención Bacigalupo, sin el cual la derrota podría haber sido aún mayor. El equipo italiano tenía alguna justificación parcial: aparte de la lesión de Bacigalupo, había jugado con algunos jugadores lesionados y otros fuera de posición, probablemente debido a las instrucciones tácticas dadas por el nuevo entrenador. Al final el campo había hablado: el Rapid, una vez más, había demostrado una clara superioridad.

****

Los cuartos de final, a excepción del partido de vuelta entre el Rapid y el Génova, habían mostrado un equilibrio sustancial. La principal sorpresa fue el triunfo de la Ambrosiana sobre el Újpest, que no solo era el vigente campeón, sino que acababa de regresar de Ginebra con otro título a cuestas, la Copa de Naciones. En la final habían vencido al Slavia por 3-0 gracias a un triplete del delantero Köves. Pero, sobre todo, los números de los húngaros eran impresionantes: el equipo ya no era conocido solo por el dique Fogl; de hecho, Fogl II y Fogl III apenas aparecían en el once inicial, sino principalmente por su línea de ataque: en Ginebra los forwards húngaros habían marcado 16 goles y la defensa solo había recibido un gol. Sin embargo, un obstáculo inesperado se interpuso en el camino de la formación magiar: la

---

57   Los periódicos extranjeros consideraban a Wesely como el jugador más representativo del Rapid, como demuestra el hecho de que a menudo se referían al Rapid como "Wesely y sus compañeros".

sensacional gesta del joven as de la Ambrosiana Giuseppe Meazza, apodado Peppin o Balilla en Milán. Meazza, que poco más de dos meses antes había encandilado a Budapest con un espléndido triplete en un Hungría-Italia que acabó 0-5 y que era válido para la Copa Internacional, había asombrado a las multitudes italianas y húngaras en los cuatro partidos válidos para los cuartos[58]. El desafío entre los hombres de Árpád Weisz y el Újpest no había terminado hasta el minuto 90 de la segunda eliminatoria. Meazza había marcado en los cuatro partidos. En tres ocasiones mostró su tarjeta de visita, el gol por invitación. Fue una acción personal que comenzó con un movimiento serpenteante, seguido de un ligero frenazo para hacer salir al portero del área —la invitación— y sentarlo antes de que el Peppin pudiera meter el balón libremente en la red o entrar en la portería. En todas esas ocasiones, incluido el partido entre Italia y Hungría, el portero de Újpest fue Acht, quien, como recordaría el propio Meazza años después,: "Poco después de esa enésima derrota se retiró a la vida privada, quizás desmoralizado por los numerosos goles que le había encajado o, más probablemente, por sus propias razones"[59]. En la semifinal, sin embargo, la música fue diferente. En el partido de ida, el joven talento italiano de 20 años había sido derrotado por Káďa[60], y en la vuelta el equipo italiano había caído por 6-1. En el primer partido, entre otras cosas, reapareció uno de los problemas ya vistos en las ediciones anteriores, los enfrentamientos violentos entre aficionados. Por esta razón, Mussolini se opuso inicialmente a permitir que Ambrosiana participara en el partido de vuelta, pero más tarde retiró su decisión.

****

En semifinales, el Rapid se enfrentó al Ferencváros, que había eliminado al Slavia en cuartos de final, primero empatando en Praga, y luego ganando en casa ante los jugadores de la Ambrosiana, presentes ese día en el estadio, 1-0 gracias a un penalti tras un partido poco emocionante. Se esperaba un partido equilibrado, un desafío entre dos equipos que se respetan y se temen.

Los equipos saltaron al terreno de juego ante unos 17 000 espectadores y, a los pocos minutos, el delantero austriaco Kaburek, tras la aceleración de Wesely, marcó con un preciso disparo. El mismo Kaburek dobló el marcador en el minuto 14, tras una acción orquestada por Skoumal, Wesely y Kirbes. Luego, en el minuto 30, después de bromear con un rival, Wesely hizo el tercer gol.

---

58   En el partido de ida en Budapest, tras el primer gol de los jugadores locales, los hinchas húngaros, ansiosos por la revancha del partido de copa, coreaban repetidamente "¡5-0! 5-0!".

59   Me gustaría dar las gracias a Federico Jaselli Meazza por la información.

60   La *Gazzetta* volvería a elogiar la actuación de Káďa, calificándolo de "institución del fútbol continental" y "el atleta que no conoce el ocaso".

En la segunda parte, el juego cambió por completo, y el Fradi se hizo con el dominio, pero, en el minuto 66, Kirbes volvió a marcar con un tiro al larguero. Tres minutos más tarde, Kohut marcó el gol insignia de los húngaros después de una buena jugada individual. Los húngaros se lanzaron en busca del segundo gol, pero en el minuto 80 el Rapid volvió a marcar con Wesely. El partido terminó 5-1. Todo el equipo austriaco, en especial el centrocampista Rappan[61], fue elogiado, mientras que los decepcionados periódicos húngaros dijeron que lamentaban algunas ocasiones desperdiciadas en la segunda parte que podrían haber hecho la derrota menos amarga. Al final del partido, los jugadores locales recibieron los elogios de Hugo Meisl, el cual declaró: "¡Qué partido! ¡Bien hecho! ¡Bien hecho! Me gustan este tipo de partidos. Sin embargo, lo siento por el Ferencváros, once caballeros que a pesar del resultado siguieron jugando deportivamente hasta el último minuto y que, aunque solo por momentos, demostraron que no merecían un castigo tan severo. También aplaudo al público húngaro que, a pesar del resultado de 5-1, animó a sus jugadores hasta el final".

En Üllői út, exactamente una semana después, se disputó el partido de vuelta, que para muchos fue un acontecimiento innecesario, dado el resultado del partido de ida, con una asistencia al estadio de solo 10 000 personas. Sin embargo, el Ferencváros comenzó con gran determinación y se vio recompensado en el minuto 23 con un gol del delantero Takács II, a asistencia de Lyka, antes de que Bugala —nombrado por muchos como el mejor del campo junto con el defensa Schramseis— salvara varias veces la portería austriaca. La presión de los húngaros continuó durante una hora, después de la cual surgió la calidad del Rapid. El resultado se mantuvo en 1-0. El sentimiento predominante entre la afición vienesa era que la clasificación se había echado a perder en el partido de ida, en el que el equipo no había rendido al máximo. Budapest, que había ostentado la copa durante los dos últimos años gracias a las victorias sobre Ferencváros y Újpest, vio cómo todos sus equipos abandonaban el evento.

✱✱✱

En la final, el Rapid se enfrentó al Sparta de Praga y tuvo así la oportunidad de vengar la final que había perdido en 1927. Sin embargo, el Sparta volvía a estar en lo más alto: había vencido dos veces al First Vienna en los cuartos de final y en las semifinales había eliminado al Ambrosiana en virtud de su partido en Praga, que terminó 6-1. Mientras tanto, John Dick, el entrenador escocés e icono del fútbol praguense que había creado la leyenda del Sparta d'Acciaio años atrás, volvía al banquillo checoslovaco. Johnny no había perdido la costumbre: durante su estancia en Bélgica había ganado cuatro

---

61   Karl Rappan es una figura que reaparece a lo largo de las páginas. Aunque pasó a la historia sobre todo como entrenador, fue uno de los centrocampistas más respetados de Austria en aquella época.

títulos de liga en seis temporadas, y entonces, consciente de que el fútbol al más alto nivel se jugaba a lo largo del Danubio, decidió volver a Praga. Y eso no fue todo: unos días antes del inicio de la competición, el Sparta había fichado a Raymond Braine. Braine, el primer futbolista belga en conseguir un contrato profesional, había decidido dejar su ciudad natal, Amberes, cuando salió a la luz un escándalo: la federación belga no permitía que los futbolistas que tuvieran un negocio recibieran dinero de su club. Podían cobrar siempre que jugaran en el equipo de reserva, pero Braine, propietario del Café Matador en la Brederodestraat, también recibía un segundo ingreso de sus directivos. El asunto se hizo público y la federación decidió excluir al jugador de la selección nacional durante años. Braine, estrella indiscutible del fútbol belga, se perdió el Mundial de Uruguay y decidió marcharse al extranjero. Estuvo a punto de fichar por el Clapton Orient[62] inglés, pero el traspaso se frustró en el último momento por cuestiones burocráticas. Así que el jugador reparó en Praga. Aquí no hubo problemas contractuales: el fútbol checoslovaco era profesional desde hacía seis años, y Braine firmó un contrato de un año y medio que incluía una cuota de transferencia de 25 000 coronas, un salario mensual de 1500, una prima de residencia de 100 y otros incentivos como 1000 coronas por cada título ganado. Braine demostró su valía desde el principio al dar una asistencia para el gol de Silný y marcar el 2-1 desde 25 metros. Repitió la hazaña en el partido de vuelta de semifinales contra el Ambrosiana con un doblete.

El partido de ida de la final se disputó en Praga ante 26 000 espectadores, menos de los que habían asistido al partido contra la Ambrosiana. El silbante danés Hansen, que también había arbitrado la primera semifinal entre el Rapid y el Ferencváros, fue el encargado de dirigir el partido. El juego se calentó de inmediato: un centro de Káďa no fue alcanzado por Patek y poco después un disparo del extremo vienés Wesely fue atajado por el checoslovaco Bělík. En el minuto ocho, el delantero checoslovaco Junek falló un penalti, y, un minuto después, un córner lanzado de forma excelente por Wesely sirvió para que Luef diera la ventaja al Rapid. Los austriacos siguieron atacando y durante unos minutos hubo un visible nerviosismo en las filas del Sparta. Luego, en el minuto 13, fueron los checoslovacos los que estuvieron a punto de empatar: primero Bugala paró un disparo de Patek, y luego, en la elaboración de un córner, Hejma chutó, pero, con el portero batido, el austriaco Vana despejó el área con un cabezazo. El mejor momento del Sparta continuó con dos claras ocasiones de Braine: la primera, desde una posición

---

62   El Clapton Orient era entonces un club de la Tercera División Sur, una de las dos ligas de la Tercera División inglesa. Aunque Braine era de hecho uno de los mejores futbolistas de la Europa continental, en Inglaterra prevalecía la idea de que el fútbol británico seguía siendo muy superior, y los clubes de Primera y Segunda División apenas se interesaban por los jugadores extranjeros. Una de las pocas excepciones es Rudi Hiden: el portero austriaco estuvo muy cerca de fichar por el Arsenal en 1932.

favorable, fue neutralizada por Bugala, y luego, con la portería totalmente abierta tras un rechace del portero austriaco, no pudo materializar el gol ante la intervención salvadora del defensa austriaco Czejka. El Sparta terminó la primera parte atacando, pero sin éxito, y el resultado fue de 0-1.

La segunda parte comenzó exactamente igual que la primera, con el Sparta volcado al ataque: Košťálek estrelló un balón en el larguero a la salida de un córner, pero después, tras la lesión de Srbek, que se desplazó a la banda, el Rapid se adelantó. Sin embargo, en el minuto 53, el austriaco Czejka interceptó un balón con la mano y Hansen concedió un penalti. Pero cuando Braine se disponía a colocar el balón en la marca penal, Káďa hizo una señal a Hojer para que se hiciera cargo. El error fue fatal: Hojer falló y el Rapid conservó su ventaja. En el minuto 57, Luef superó a Madelon y Burgr realizando un disparó desde una gran distancia para sorprender a Bêlík: 0-2. El Sparta se lanzó al ataque a la desesperada, golpeó el larguero con Patek, y el defensa del Rapid, Schramseis, salvó una situación de peligro. El partido terminó en medio de los fútiles ataques del Sparta y con ambos equipos de espaldas. La sensación clara en ambos bandos era que los austriacos habían hipotecado el evento. Se elogió la actuación del árbitro Hansen, así como la deportividad del público de Praga, que también fue reconocida por la dirección del Rapid. Johnny Dick, en cambio, fue criticado por haber cambiado la formación que tanto éxito había tenido contra la Ambrosiana. "Como dicen los ingleses, no se puede cambiar a un equipo ganador", escribió Prager Presse.

El día del partido de vuelta, el anfiteatro Hohe Warte[63] bullía con 40 000 personas que apoyaban al equipo local. Los dos equipos salieron al campo una vez más a las órdenes de Hansen. El Sparta, en medio de fuertes ráfagas de viento, se lanzó de inmediato al ataque, creando dos claras oportunidades que no aprovechó, y luego, en la primera iniciativa destacable de los austriacos, capituló ante el gol de Kaburek tras una asistencia de Luef. La ventaja de los austriacos duró poco: tres minutos después Košťálek empató tras un centro de Podrazil, y al final de la primera parte, Košťálek, tras un gol de su compañero Hejma, congeló al público vienés. Sparta tomó la delantera y el destino del torneo quedó en entredicho.

La segunda parte comenzó con la misma tónica que la primera: el portero checoslovaco siguió inoperante, y el Sparta, liderado por Káďa y la peligrosidad de sus delanteros, siguió atacando. Entonces, el Rapid tuvo un arranque de orgullo: estuvo a punto de empatar con Weselik y Wesely antes de que Smistik marcara el 2-2. Oxígeno puro para el público local. La victoria parecía un hecho, pero fue Košťálek quien volvió a marcar: Braine disparó, el defensa austriaco Schramseis dio un rebote y el de-

---

63   Las crónicas se refieren a menudo al Hohe Warte como anfiteatro, y no como estadio, debido a la peculiaridad de que está al aire libre —se levanta en una colina—, pero tiene la capacidad de un verdadero estadio.

lantero checoslovaco se apresuró a depositar el balón en la red. Pero no hubo más tiempo y el Rapid pudo finalmente levantar la copa después de tres ediciones como protagonista, coronando así el sueño de Schönecker. Árpád Kenyeres, secretario de la federación húngara, dijo al final del partido que, a pesar de la victoria y de los tres goles marcados, el Sparta podría haber sido aún más concreto y haber ganado la segunda Mitropa de su historia.

CAPÍTULO 6

1931 - LA EDICIÓN DE LAS PRIMERAS VECES

La reunión de la comisión, prevista para mediados de mayo, se adelantó al 27 de abril. El motivo era que el congreso de la FIFA se celebraría en mayo y algunos representantes de las federaciones centroeuropeas no podrían asistir. Los dos primeros equipos italianos se enfrentarían a los dos primeros checos, y los dos primeros austriacos a los dos primeros húngaros. Todos los representantes expresaron su satisfacción, excepto los checoslovacos, cuya petición de rectificación fue, sin embargo, rechazada, ya que las normas de la comisión eran claras: solo es posible dar marcha atrás en una decisión ya tomada si los participantes están de acuerdo por unanimidad. En realidad, Hungría estaba en desventaja, pero por razones completamente diferentes: sus principales equipos, ganadores de dos ediciones anteriores, el Ferencváros y el Újpest, se habían marchado a Sudamérica ese verano. En su lugar quedaron Hungária y el recién llegado Bocskai.

****

El 22 de agosto de 1894 fue una fecha clave en la historia del fútbol europeo: los dos primeros equipos de la capital austriaca, el First Vienna y el Vienna Cricket and Football Club, nacieron en Viena casi al mismo tiempo. Ambos habían presentado sus estatutos el mismo día, y ambos querían incluir la palabra First en sus nombres. En primer lugar, los jardineros del barón Rothschild, que desde hacía tiempo disputaban partidos de fútbol en el Kuglerwiese, el campo que el barón había decidido instalar para que sus empleados no estropearan el césped de su mansión; y en segundo lugar, los miembros del Club de Cricket de Viena, emigrantes ingleses que habían decidido incluir el fútbol en sus disciplinas. La disputa fue ganada por el primero, que adoptó el nombre de Primero Viena 1894. Ese mismo día diseñaron su logotipo[64] y eligieron sus colores corporativos, azul y amarillo, los mismos que los Rothschild. Tanto el logotipo como los colores han permanecido inalterados hasta hoy.

---

64   El logotipo fue diseñado por William Beale, uno de los primeros jugadores del club.

Aquel día marcó el inicio de una feroz rivalidad entre dos clubes que, además de luchar en los tribunales por el reconocimiento de sus nombres, lo harían en el terreno de juego con dos identidades distintas. Mientras que el Vienna Cricket and Football Club contaba con un once exclusivamente inglés en sus primeros años, el First Vienna, más inclusivo, presentaba una alineación híbrida de jugadores británicos y austriacos. Sin embargo, esta tendencia cambiaría en pocos años y el Club de Cricket y Fútbol de Viena también comenzaría a involucrar a los jugadores locales[65].

El Gialloblù, que en aquellos años se había consolidado como uno de los equipos más laureados de la capital austriaca, siendo flamante campeón de Austria y ganador de dos copas nacionales recientes, no contaba con un palmarés tan rico como el de algunos de sus rivales: solo completó su palmarés con dos Copas Challenge ganadas en 1899 y 1900. Sin embargo, los triunfos de los últimos años habían aumentado definitivamente la consideración de Hugo Meisl por los Döblinger[66], y a partir de 1929 el seleccionador austriaco empezó a convocar con más regularidad a los jugadores del First Vienna en las filas de la selección nacional. Este fue el caso de Chrenka, Kurz y los delanteros Seidl y Gschweidl. Este último, apodado Der lange Fritz (el alto Fritz), había sido protagonista de los últimos éxitos del club: dos años antes, cuando el club de Döbling había levantado la Copa de Viena por primera vez, Gschweidl había marcado el gol de la victoria en la final contra el Rapid, que terminó 3-2, y al año siguiente repitió con el único gol de la final entre el First Vienna y el Austria Vienna. Gschweidl, que en aquellos años competía por un puesto en la selección nacional con el más famoso Matthias Sindelar, pudo finalmente coexistir con la estrella del Austria Wien gracias a la intuición de Meisl: el entrenador decidió desplegar a Matthias Sindelar como delantero centro y a Gschweidl como insider derecho. La convivencia habría dado sus frutos, también porque el espigado Fritz, como recordó en su día La Stampa, era un "buen técnico", que además tenía la capacidad de ponerse al servicio del equipo y enviar a sus compañeros a portería. Además, gracias a su tamaño, era muy difícil de marcar en el área. Llegó al First Vienna con 24 años y enseguida se hizo con un papel protagonista en uno de los clubes históricos de su ciudad. Gracias a él, los Döblinger consiguieron un billete para Europa.

****

En primer lugar, Viena, que hacía su segunda aparición en la historia de la Copa Mitropa, se enfrentó al equipo de primer año Bocskai, el primer equipo húngaro que no era de Budapest que participa en el evento. Bocskai —ahora desaparecido— era el equipo de la ciudad de Debrecen, a pocos kilómetros de la frontera rumana.

---

65   Uno de los primeros fue Hugo Meisl, aunque su carrera como futbolista fue efímera.

66   Döblinger es el apodo de los jugadores del First Vienna. Proviene de Döbling, el barrio de la capital austriaca donde se originó el club.

El partido de ida se jugó el 27 de junio en Viena bajo las órdenes del árbitro checoslovaco Krist. Los Bocskai, para muchos una esperada víctima de sacrificio, tampoco tuvieron suerte: perdieron a su jugador estrella, Jenő Vincze, durante el calentamiento y tuvieron que revisar sus planes. El partido fue muy disputado en la primera parte. Aunque el tempranero gol de Gschweidl parecía haber allanado el camino hacia una tranquila victoria de los austriacos, poco después el húngaro Teleki[67] sorprendió a todos al escurrirse entre dos defensas y sentar al portero rival, pero luego, desde dos pasos, chutó fuera increíblemente. Un gol erróneo, un gol equivocado. En el minuto 40, el alto Fritz volvió a marcar. El público local se alegró, pero entonces, por alguna razón desconocida, algunos alborotadores invadieron el campo de juego e impidieron que los jugadores visitantes regresaran a los vestuarios durante unos minutos. El Bocksai no solo no pudo ordenar sus pensamientos, sino que tampoco tuvo la oportunidad de saciar su sed, ya que el equipo local no había proporcionado a sus rivales ninguna botella de agua.

En la segunda parte, los vieneses, tras una ocasión desperdiciada por su rival, redondearon el resultado gracias a Hoffmann. El margen de ventaja de cara al partido de vuelta era considerable. Meisl, presente en el estadio, habló de un partido mal jugado por ambos equipos, y elogió al delantero húngaro Teleki, a pesar del gol fallado.

Las horas previas al partido de vuelta en Debrecen presentaron un malentendido: ambos equipos querían llevar sus tradicionales uniformes amarillo y azul, y el First Vienna no había traído una segunda camiseta. Así que fue Debrecen quien tuvo que ceder: decidieron llevar los uniformes blancos y verdes de los empleados de la estación de tren de la ciudad.

Era el primer partido que un equipo húngaro jugaba fuera de la capital y el ruido era ensordecedor. La afición local no paraba de corear "¡Huj huj hairá!", un estribillo de incitación genérico que los equipos húngaros utilizaban para dirigirse a sus ídolos. El canto se prohibiría después de la Segunda Guerra Mundial, cuando Hungría pasó a estar bajo la influencia soviética. Oficialmente, se dijo que la razón era que la palabra huj en la Unión Soviética era una referencia vulgar al miembro masculino. El asunto, aparentemente de poca importancia, había empezado a preocupar a las autoridades soviéticas, ya que las dos selecciones nacionales se enfrentaban a menudo en partidos amistosos u oficiales. Para desalentar el uso de coros, se llamó a la policía secreta para que patrullara los estadios y persiguiera a los infractores. Se impuso un cambio: de "Huj huj hairá!" a "Rá rá hairá!", una versión menos controvertida.

El partido comenzó con ruido general y bajo una lluvia torrencial. Comenzó en el minuto 20 con el gol del austriaco Tögel, que selló la clasificación. Luego, hacia el final de la primera parte, el talentoso Teleki, servido por Mátéffy, superó a un defensor, chutó con seguridad, pero se encontró con el

---

67   Pál Teleki, homónimo de un antiguo primer ministro húngaro, sería posteriormente convocado para la Copa del Mundo de 1934.

defensor austriaco Blum en la línea de gol para evitar la amenaza. Según los húngaros, el balón había entrado, como lo demuestra el hecho de que, en el rebote del defensor Blum, el húngaro Ormos[68] se detuvo en lugar de marcar cómodamente. En la segunda parte, la historia fue mucho menor y el First Vienna se impuso al Debrecen por 4-0.

****

En la semifinal, los vieneses se enfrentaron a otro recién llegado a la competición: la Roma. Este club había quedado segundo al final de la temporada 1930/31, dejando atrás a la Ambrosiana, que era más prestigiosa, y al Bologna y al Génova. Uno de los jugadores más destacados de la Roma fue el delantero Rodolfo Volk, apodado Sciabbolone, quien fue el máximo goleador de la liga con 29 goles. Era un equipo interesante: estaba entrenado por el inglés Burgess, que había sustituido a Jimmy Hogan como entrenador del MTK años antes, y también contaba con Fulvio Fuffo Bernadini, un excelente todoterreno que se empleaba principalmente como delantero centro, y los dos jugadores oriundi Chini Ludueña y Lombardo[69]. La Roma, que había superado al Slavia, fue la principal sorpresa de los cuartos de final. Sciabbolone Volk volvió a ser decisivo: primero marcó el gol que supuso el 0-1 en Praga, y luego repitió en el partido de Roma con el 2-1 final.

El partido de ida de la semifinal entre el Roma y el First Vienna se disputó en la capital italiana, en el Campo Testaccio, ante una multitud. El equipo local tomó la delantera inmediatamente. No habían pasado ni tres minutos cuando Chini Ludueña, después de una jugada conducida en profundidad por Lombardo, batió al portero austriaco con un preciso disparo raso. Los vieneses no se dejaron intimidar y, gracias a la actitud reticente de la Roma, empezaron a dominar el partido, desarrollando su juego por las bandas. La principal decepción fue la actuación de Fuffo Bernardini, que estuvo muy lejos de su nivel habitual. El First Vienna se hizo con el centro del campo y la defensa local entró en crisis. Los visitantes hicieron gala de una de las cualidades que los periódicos italianos habían reconocido en los días previos al partido: su capacidad para tejer excelentes texturas técnicas. El equipo austriaco causó una excelente impresión en su totalidad: en los dos defensas, Blum y Rainer, en el centro del campo, liderado por Hoffmann, y en los forwards. Entre los minutos 34 y 36, los austriacos se dieron cuenta de su superioridad con Marat y Blum. Marat marcó después de que el disparo de

---

68   Ormos, también conocido como Opata, fue entrenador/jugador del Bocskai.

69   El fenómeno de los *oriundi*, es decir jugadores extranjeros de origen italiano, floreció en los años de entreguerras. Aunque la Carta de Viareggio prohibía el fichaje de futbolistas foraneos, sí permitía a los clubes adquirir jugadores nacidos en el extranjero cuyos apellidos fueran italianos. Muchos de ellos venían de Sudamérica.

Adelbrecht fuera rechazado por D'Aquino, y Blum marcó después de un tiro libre tras una falta de Bernardini sobre Gschweidl. El 2-1 al final de la primera parte parecía una ventaja muy ajustada teniendo en cuenta lo visto sobre el terreno de juego, ya que los austriacos habían comenzado a dominar el juego después de que la Roma se había puesto por delante.

En el minuto seis de la segunda parte, Gschweidl se encargó de rematar un centro de Brosenbauer desde la derecha y hacer el 3-1. Fue entonces cuando la Roma tuvo un arrebato de orgullo y comenzó a atacar. Pocos minutos después, la presión de los locales dio sus frutos: un tiro libre de Costantino Lombardo fue cabeceado por Fasanelli, quien acortó distancias. El Viena se replegó en defensa y la Roma comenzó a cobrar tiros de esquina sin que ninguno anidara en las redes contrarias. Horeschovsky, el guardameta vienés, rechazó los disparos de Bernardini y Lombardo, antes de que Masetti rechazara el disparo de Gschweidl en una contra de los vieneses para hacer el 2-4. Viena tomó el tren esa tarde, consciente de que habían demostrado una discreta superioridad. Al final del partido, Frithum, el entrenador austriaco, en declaraciones a los periodistas italianos, se mostró satisfecho y declaró que no cambiaría su alineación para el partido de vuelta. Dos días antes del decisivo choque, La Stampa dedicó un artículo al First Vienna titulado "El mejor once austriaco", y escribió sobre Gschweidl que el delantero era capaz de "desempeñar perfectamente el papel de virtuoso, pero también de fundirse con su equipo si la acción colectiva lo exige".

El partido de Viena se disputó a pesar del mal tiempo. Debido a la incesante lluvia, el comité había considerado inicialmente posponer el partido. Sin embargo, había un problema logístico: dos días más tarde la Roma tenía que jugar un partido de liga en Trieste, y tendría que viajar allí en tren directamente desde Viena. El Viena aceptó no aplazar el partido y la Roma, como gesto de agradecimiento, decidió renunciar al dinero que se le debía. A decir verdad, la recaudación fue más bien escasa, dado que habría unos 1000 espectadores debido a las condiciones meteorológicas.

El partido comenzó con la Roma a merced de su rival. La primera ocasión de los austriacos llegó en el primer minuto y fue evitada por una buena parada de Masetti, antes de que se produjera una refriega entre D'Aquino, Brosenbauer y Marat, que obligó al árbitro a expulsarlos. El gol de los locales llegó en el minuto nueve, cuando Marat marcó a bocajarro tras una asistencia de Gschweidl. El Viena tuvo otra oportunidad en un tiro libre antes de que los nervios se rompieran de nuevo: Adelbrecht discutió con el árbitro en el minuto 12 y el público defendió a su jugador. La Roma por fin dio un paso al frente y creó una ocasión en el minuto 25, pero poco después, en un reverso, Bernardini cometió una falta sobre un atacante rival en el área y Blum hizo el 2-0. En pocos minutos el número de goles se convirtió en tres, gracias al doblete personal de Marat. El primer tiempo terminó 3-0.

El segundo tiempo comenzó con el campo, si cabe, en peores condiciones que el primero. La lluvia seguía cayendo en el descanso y el campo se había convertido en un lodazal. El balón ya no botaba y los austriacos, más a

gusto que los romanos en esas condiciones climáticas, dominaron el primer cuarto de la segunda parte. Entonces fue Roma, animada por Volk, quien tomo la iniciativa repetidas veces. Creó dos ocasiones que fueron frustradas por la defensa austriaca y, a la tercera, Volk consiguió marcar tras un preciso pase de Bernardini. El balón volvió a estar en manos de los austriacos y Marat estuvo a punto de marcar un triplete: Masetti logró interceptar el disparo, pero cayó hacia atrás y se lesionó levemente, por lo que el partido se suspendió un minuto. El partido continuó, pero la fase final solo tuvo un protagonista, la lluvia, debido a la cual Fasanelli se vio obligado a abandonar momentáneamente el campo. El terreno había dado su veredicto: el First Vienna se clasificó merecidamente para la final y la Roma, a pesar de la doble derrota, pudo volver a Italia con la cabeza alta. La Roma había vencido al Slavia en su partido debut en Europa y, por momentos, había estado en igualdad de condiciones con uno de los mejores equipos de Austria.

****

La final de 1931 fue la primera ocasión en que dos equipos del mismo país se enfrentaron en la competición. Para proclamarse campeón de Europa, el First Vienna tuvo que vencer al Wiener AC, otro equipo de la capital austriaca, más conocido como WAC, que se había clasificado para la Mitropa como ganador de la Copa de Viena. Fue el único equipo que ganó la Copa Tagblatt, precursora de la primera liga austriaca entre 1900 y 1903, levantó tres veces la Challenge Cup —el único equipo que la ha ganado tres veces—, y en 1909 fue el primer equipo austriaco que ganó a un equipo inglés cuando el Sunderland vino a Viena de gira. Fue la llegada del profesionalismo lo que hizo que el WAC entrara en bancarrota: ya en 1921, en un momento en el que se producían los primeros movimientos del mercado futbolístico centroeuropeo, los directivos del WAC declararon en una reunión que se ceñirían al fútbol amateur y que no les interesaba lo más mínimo el "fútbol del mercado negro". En 1924, cuando la liga se convirtió en profesional, el club se vio obligado a desprenderse de algunos de sus mejores talentos y no volvería a batirse en duelo por las primeras posiciones durante algunos años.

Era el tercer debutante que los Döblingers se encontraban en su camino, y habían tenido el gran mérito de eliminar a dos equipos superiores sobre el papel: en cuartos de final se habían deshecho del Sparta de Praga, y en semifinales, en virtud del 5-1 de la ida y de un partido de vuelta caracterizado por la fuerte polémica y las protestas de su rival[70], al Hungária. El jugador más destacado fue, sin duda, el portero Rudolf "Rudi" Hiden, pilar del Wun-

---

70 Hungária, a través del presidente de la federación húngara, Fodor, se había quejado de un golpe no sancionado que el delantero Barátki había recibido con el balón fuera, de un penalti inexistente concedido a los austriacos y de un gol que el WAC había marcado en fuera de juego. Hugo Meisl estuvo de acuerdo con esto último y dijo que el gol debía ser anulado.

derteam austriaco dirigido por Hugo Meisl, al que Herbert Chapman habría querido en el Arsenal. Hiden, que solo dos años más tarde se trasladó a Francia y se convirtió en Rodolphe para todo el mundo, llegó desde Graz en medio del escepticismo general: su debut estuvo marcado por lo que hoy en Italia llamamos un pato o una capilla, pero que en su momento en Austria se rebautizó como Steirertor, que literalmente significa "gol sacado por un estiriano". Al parecer, Karl Sesta, defensa y compañero de Hiden, exclamó unos segundos después del error de su propio defensor: "¡Solo un estiriano[71] puede marcar un gol así!". Pero con el paso del tiempo, Hiden fue escalando en la jerarquía de la selección austriaca y destacó, sobre todo, por su capacidad para jugar con los pies y en las salidas, especialmente las salidas en avalancha, consolidándose como uno de los porteros más respetados de Europa. Además del ya mencionado Sesta, un duro defensor que fue considerado uno de los mejores fullbacks de la preguerra, el WAC pudo contar con el delantero Heinrich Hiltl, que marcó siete goles entre los cuartos de final y las semifinales, y con Walter Hanke, probablemente el primer jugador alemán de la historia en obtener un contrato profesional[72].

Para la final de 1931 se introdujo una innovación: una de las dos finales se jugaría en el extranjero. La razón para organizar una final europea en un campo neutral, como ocurre hoy en día, era económica: aunque el First Vienna y el WAC representaban lo mejor del fútbol europeo de la época, no contaban con una base de aficionados tan grande como el Rapid o el Austria Vienna. Además, el público vienés ya había visto el partido cuatro veces durante la temporada, dos en la Copa de Invierno[73] y dos en la liga. Para atraer a un público más amplio, se decidió organizar una de las dos finales fuera de Austria, con la esperanza de llegar a algo más que al público local. La elección recayó en Ginebra y Zúrich, tras una segunda vuelta entre ambas.

El evento se organizó a la 1 de la tarde con un partido inaugural, el del campeonato suizo, entre el Grasshoppers, el equipo local, y el Biel FC. Al final del partido —4-1 para el Grasshoppers— los dos finalistas entraron en el terreno de juego entre los aplausos del público suizo.

El partido comenzó bajo las órdenes del árbitro italiano Mattea y presentó un First Vienna más agresivo en los primeros compases, pero en la reanudación fue el WAC el que golpeó: los rossoneri marcaron con Hanke, que lanzó un disparo por la izquierda que el portero no pudo atrapar. Los Döblingers fueron persistentes y crearon muchos problemas a la defensa, pero tuvie-

---

71   Graz, la ciudad natal de Hiden, es y era la capital de Estiria.

72   El primero, de hecho, fue Max Seeburg. Sin embargo, hay que señalar que Seeburg era inglés, ya que llegó a Londres desde Leipzig siendo un niño. Hanke fue probablemente el primer futbolista alemán comprado por un club profesional. Hay que tener en cuenta que Alemania —Alemania Occidental— no abandonó el modelo amateur hasta 1963.

73   Nombre provisional de la Copa de Viena.

ron que lidiar con Hiden en varias ocasiones. El portero del Wunderteam austriaco salvó más de un centro desde las bandas a pesar de las reiteradas cargas de sus rivales. El partido se abrió y el WAC estuvo a punto de doblar el marcador con una bajada de Braun cuyo disparo dio en el poste. En el minuto 19, los aficionados suizos aplaudieron al portero de la WAC, que realizó una salida estilísticamente perfecta. El WAC también desarrolló su juego por las bandas y, en una iniciativa desde el lado izquierdo, el delantero centro Müller dobló el marcador. El 2-0 fue un resultado desfavorable para el First Vienna, que comenzó a atacar de nuevo, cobrando tres saques de esquina en pocos minutos y luego, al final de una espléndida acción, marcando el 2-1 gracias a Tögel. Las protestas de Hiden, señalando un fuera de juego, fueron ignoradas por el árbitro.

El primer cuarto de la segunda parte reflejó un equilibrio sustancial: ambos equipos se lanzaron al ataque, pero sin crear grandes problemas a sus adversarios, gracias a la imprecisión en algunos pases. Entonces, en el minuto 63, el balón llegó a los pies de Gschweidl y sirvió a Adelbrecht, el cual avanzaba. El atacante lanzó un disparo aterrador que golpeó el interior del travesaño y se coló en la red, con un Hiden inmóvil. Primero el Viena comenzó a atacar con más insistencia y el WAC se replegó en la defensa, listo para actuar al contraataque. Hiden volvió a intervenir en un par de ocasiones y el WAC desperdició algunos valiosos contraataques. Finalmente, en el minuto 88, en un nuevo saque de esquina a favor del First Vienna, llegó el punto de inflexión del partido: en un intento de liberar al defensa rojo y negro, Becher introdujo el balón en su propia portería. Los últimos ataques del WAC, bien contenidos por la defensa, no sirvieron de nada. Los Gialloblu llegarían al partido de vuelta con una ventaja de un gol. La decisión de celebrar el primer juego en Suiza resultó ser un exito: la recaudación total ascendió a 45 000 francos, de los cuales 20 000 fueron para el Grasshoppers y el resto se repartió a partes iguales entre los dos finalistas.

El partido de vuelta lo protagonizó un silbante italiano, esta vez Barlassina. Al igual que en el partido de ida, el encuentro deparó un gol en los primeros minutos. Lo marcó el delantero del First Vienna, Erdl, a pase de Adelbrecht. La sensación era que el WAC había sido golpeado y le costaba reaccionar. Esto permitió al Viena manejar el partido y luego, en el minuto 43, marcar por segunda vez con Erdl, quien aprovechó un error de Braun. En la segunda parte, el orgullo del WAC salió a relucir y Hanke redujo las distancias, pero a pesar de la superioridad numérica —Erdl tuvo que abandonar el campo por una lesión— no pudieron encontrar el gol del empate, que hubiera sido un pobre consuelo. El abogado Mauro, que fue elegido presidente del comité ese año, entregó la copa a los ganadores y las medallas a los dos contendientes. Además del trofeo, a partir de ese año, el ganador recibiría otro premio: una losa de mármol negro con un relieve de la copa adornado con una corona de plata con los colores de las cuatro federaciones participantes.

Fue la edición de las primicias: la primera vez que se enfrentaban dos equipos del mismo país —y ciudad—, la primera vez que se jugaba una final en un campo neutral y la primera vez que un equipo ganaba el codiciado trofeo ganando todos sus partidos.

CAPÍTULO 7

1932 - BOLOGNA, UNA COPA GANADA POR DEFAULT

La conferencia de la Copa Mitropa se celebró los días 20 y 21 de febrero en el Albergo Savoia de Trieste. Se decidió mantener el mismo formato y el mismo número de participantes por país, a pesar de que las distintas federaciones habían presentado algunos planes de cambio. La federación italiana había propuesto el Proyecto Zanetti, respaldado por Checoslovaquia, que preveía la participación de tres equipos por federación. Hungría, a través del Proyecto Kenyeres, había presentado una propuesta similar a la de Italia, pero que también contemplaba la presencia de equipos suizos, y Austria estaba a favor de la inclusión de equipos suizos, pero no de la ampliación a tres equipos por federación. Al no poder llegar a un acuerdo unánime, se mantuvo el formato de años anteriores. Para garantizar la regularidad de la competición, se decidió organizar el calendario de partidos desde el principio y no aceptar ninguna reclamación. También se estableció una tasa de inscripción de 500 francos suizos. Por último, se envió un telegrama al presidente de la FIGC, Leandro Arpinati, para agradecerle su hospitalidad.

****

En el panorama futbolístico europeo de la época, los equipos italianos aún no habían alcanzado su máximo nivel. Las ediciones disputadas hasta ese momento habían decretado la sustancial superioridad del fútbol centroeuropeo. Sin embargo, el fútbol italiano era único: a diferencia de las antiguas potencias del Imperio Austrohúngaro, donde los títulos y los trofeos internacionales eran patrimonio exclusivo de los clubes de las capitales, el fútbol italiano era un fenómeno mucho más extendido: entre 1929 y 1931, Italia inscribió en la competición a equipos de cuatro ciudades diferentes. El año 1932 marcó la aparición de una quinta ciudad en la escena de la Copa Mitropa: Bolonia, cuyo equipo tendría un impacto considerable en los años siguientes, tanto a nivel nacional como internacional.

Al final de la Gran Guerra, el fútbol en Italia se reanudó exactamente como lo había hecho a lo largo del Danubio, y en pocos años se convirtió en el deporte más popular del país. Por eso, para poder contener el creciente entu-

siasmo de las multitudes, varios clubes italianos renovaron o construyeron nuevos estadios, más grandes y mejor equipados. El Stadio Littoriale, hoy conocido como Dall'Ara, se consideraba entonces una instalación futurista como pocas en el continente. Las obras comenzaron en 1925 y la inauguración tuvo lugar el 29 de mayo de 1927. Mientras tanto, el 31 de octubre de 1926, Benito Mussolini visitó el estadio a caballo, y en su regreso, esa misma tarde, sobrevivió a un intento de asesinato: fue rozado por una bala disparada por Anteo Zamboni, un chico de poco más de 15 años, quien fue ejecutado en el acto[74]. El primero en localizar y bloquear al joven agresor fue Carlo Alberto Pasolini, teniente y padre del más famoso poeta, escritor y director de cine Pier Paolo Pasolini.

Jules Rimet, padre y fundador de la Copa del Mundo, comparó la arquitectura del Littoriale, con capacidad para unos 50 000 espectadores, con la de un circo romano. En 1929 se erigió en el interior del estadio un majestuoso homenaje a Mussolini: una estatua de estilo neorrenacentista del Duce a caballo, una clara referencia a su entrada unos años antes. Solo el estadio Mussolini de Turín era más grande que el estadio Littoriale. En los años posteriores a la Primera Guerra Mundial, Bolonia había ganado dos títulos nacionales en 1925 y 1929, por lo que el equipo boloñés debería haber debutado en la prueba mucho antes de 1932. Pero, como hemos visto, el Bologna y el Torino, ganadores de sus respectivos grupos, ya habían organizado giras por Sudamérica, e Italia tuvo que presentarse a la cita con dos equipos de reserva. En 1932, el Bologna se había ganado su puesto en la Mitropa gracias al segundo puesto que había conseguido el año anterior al final de un interminable mano a mano con la Juventus, que había visto cómo los dos equipos superaban claramente a sus rivales. En el equipo rojiazul había muchas estrellas: Angelo Schiavio, apodado Anzlèn, que fue el máximo goleador del campeonato que acababa de terminar (compartido con el uruguayo Petrone), los internacionales Sansone y Fedullo, a menudo llamados Sansullo y Fedone por la frecuencia con la que se intercambiaban las posiciones, Carlo Reguzzoni, un prometedor futbolista italiano que llegó de Pro Patria, y Eraldo Monzeglio, un defensa de la selección nacional que tenía estrechos vínculos con la familia Mussolini[75]. Lelovics, el entrenador que llegó ese mismo año, cuyo nombre original era Lelowichnak[76], continuó la tradición de los entrenadores austrohúngaros que había comenzado con

---

74   El episodio se convirtió en un pretexto para que el régimen endureciera sus medidas reaccionarias: nueve días después del incidente, se destituyeron 120 parlamentos de la oposición y poco después se creó el Tribunal Especial.

75   Era amigo de los hijos del Duce, Vittorio y Bruno, y más tarde se convertiría en el entrenador de tenis de Mussolini.

76   Me gustaría agradecer a Mirko Trasforini, gestor del blog del Archivo TIMF, la valiosa información.

Hermann Felsner, bajo cuya égida el Bologna había ganado sus dos campeonatos. Lelovics venía de unas experiencias importantes como entrenador del Sporting de Lisboa y Las Palmas, y al mismo tiempo escribía columnas para las revistas Nemzeti Sport y Sporthirlap. Béla Nagy, el historiador del fútbol húngaro, en su obra Fradi Futballmúzeum, relata un dato interesante: en enero de 1928, Lelovics había participado con otros entrenadores húngaros presentes y futuros en un curso para entrenadores[77], y luego, en 1930, fue contratado por el Bologna tras un paréntesis como ayudante del propio Felsner. Existen dos casos: o bien Lelovics era un genio en el banquillo y en año y medio había sido capaz de ascender y conseguir un contrato con uno de los clubes más importantes de Italia, o bien la consideración del papel del entrenador en aquella época era muy diferente a la actual. Me inclino por esta última hipótesis: Lelovics no ha sido ni el primero ni el último entrenador que ha llegado a un gran club sin pasar por el escalafón. Esto se debe a que en aquella época las expectativas del público recaían sobre todo en los jugadores y los entrenadores también eran seleccionados con la aprobación de sus predecesores.

El hecho de haber superado a la Ambrosiana, al Génova y a la Roma en la tabla de clasificación permitió que el club rojiazul pudiera tener su oportunidad en el ámbito internacional, aunque el emparejamiento era de todo menos benigno: el 19 de junio, el Bologna iba a debutar contra el Sparta de Praga.

****

En los días previos al partido en el Littoriale, los periódicos italianos habían pronosticado un lleno total. Las entradas, vendidas a partir de diez liras y con descuentos para los abonados, se vendieron como churros a pesar de que la mayoría de los boloñeses ya se habían ido de vacaciones de verano. La víspera del partido se produjo un imprevisto: el Sparta, que había anunciado su llegada a las diez de la mañana y luego la pospuso a las diez de la noche, llegó finalmente al Hotel San Marco a las 11:20 de la noche, con lo que tuvo poco tiempo para descansar antes del partido. El Bologna, en cambio, estaba en excelentes condiciones: había recuperado a tiempo a Reguzzoni y Sansone, que habían sufrido problemas de rodilla y amigdalitis respectivamente, y había dado descanso a Schiavio en las semanas anteriores, ya que el Bologna no había tenido que enfrentarse a equipos especialmente formidables.

El partido, disputado bajo la mirada de Pozzo y Arpinati, comenzó a las 16:40 horas, diez minutos más tarde de lo previsto, y bajo las órdenes del austriaco Miesz, que tuvo que sustituir en el último momento al no disponi-

---

77   El curso tenía probablemente dos direcciones: estaba dirigido a aspirantes a entrenadores, pero también estaba abierto a entrenadores experimentados; como demuestran los nombres de algunos de los participantes, entre ellos Istvan Tóth e Imre Schlosser.

ble Majorszky. En el centro del campo hubo un lanzamiento de moneda entre Schiavio y Burgr, que se había convertido en el capitán del club checoslovaco, dado que Káďa, ahora con 37 años, se había quedado en el banquillo.

El Bologna empezó con el sol en contra, pero se mostró agresivo desde el principio: enseguida se vio recompensado por el gol de Reguzzoni, cuyo fuerte y preciso disparo con la izquierda dio en el interior del poste antes de entrar. La defensa del Bologna también se mostró titubeante y en dos ocasiones Gianni, el portero rojiazul, se opuso al atacante checoslovaco Nejedlý. Luego, a partir del minuto 10, los locales recuperaron el control del partido. Maini hizo el 2-0 en un córner sacado por Sansone. El 3-0 llegó en una fotocopia, con Maini marcando su doblete personal tras un centro de Reguzzoni desde la izquierda. Seguidamente, Anzlèn se adelantó, primero con un disparo al poste y luego, tras un intento del Sparta, marcando el 4-0 con una asistencia de Sansone. La primera parte terminó con un 4-0 para deleite de la afición local, que se mostró visiblemente emocionada con el saque inicial.

El inicio de la segunda parte pareció tomar otro cariz: en el primer minuto, Podrazil tuvo una oportunidad para acortar distancias, pero Gianni, siempre presente cuando se le llama, dijo que no. Luego, antes de que el disparo de larga distancia de Gasperi se fuera apenas alto, el árbitro austriaco expulsó a Braine por protestar repetidamente una decisión arbitral[78]. Hubo algunos ataques inconclusos por parte de ambos equipos y lo único destacable de una segunda parte mucho más nerviosa y menos entretenida que la primera fue el quinto gol del Bologna. Lo marcó Baldi, un mediocampista renombrado por su elegancia, con un tiro libre desde cuarenta metros. El partido terminó en una goleada. Nunca antes un equipo italiano había ganado un partido de la Copa Mitropa por semejante margen. Mientras los periódicos italianos hablaban de un resultado totalmente merecido, la dirección del Sparta, que también se había quejado de una mano del defensa Martelli en el área de penalti, afirmaba que un 4-2 habría sido más acorde con lo que se vio en el campo.

El partido de vuelta se jugó el 28 de junio en Praga. El Bologna comenzó con una ventaja de cinco goles, pero también con dos ausencias importantes: Schiavio, con problemas de rodilla, y Baldi, que se casaba ese día en la capital emiliana. También hubo cambios importantes en las filas del Sparta: el decepcionante partido a domicilio en Bologna había inducido al entrenador de los bohemios a sustituir a pilares como Perner y Silný y a reintroducir al ídolo de la afición praguense, el ya veterano Káďa. Braine ocuparía la posición de interior izquierdo[79]. El ambiente en Praga era tan

---

78   El público de Bolonia, probablemente ansioso por ver con sus propios ojos a una de las mayores estrellas del fútbol europeo, desaprobó la decisión del árbitro.

79   Como en otras ocasiones, a Braine se le permitió jugar el partido previo pago de una multa.

ardiente como en Bologna. En el exterior del Hotel Parigi, los jugadores del Bologna se habían cruzado con aficionados checoslovacos, que con ambas manos les habían hecho el signo del diez, el deseo de una goleada sin precedentes.

Los primeros compases del partido defraudaron las expectativas de los espectadores: el Bologna comenzó con la misma agresividad que en los primeros minutos del partido de ida, y en el minuto seis Maini remató al poste. El dominio de los visitantes continuó durante media hora antes de que el partido diera un giro inesperado: el Sparta concedió un penalti después de que Braine fuera derribado en el área, el cual fue cobrado por Nejedlý, marcando el 1-0. Un minuto después, un gol en propia puerta de Donati dio vida a los locales.

El 2-0 parecía duro para el Bologna, que comenzó la segunda parte de nuevo al ataque, pero, como en la primera, fue el Sparta quien lo consiguió: Podrazil marcó directamente en un saque de esquina, marcando uno de los primeros goles olímpicos oficiales de la historia del[80] fútbol europeo. El Sparta se lanzó al ataque, pero sus abates fueron contenidos por un Bologna, que fue castigado de manera increíble en el resultado, ya que ninguno de los tres goles del Sparta había llegado en acción. Todos ellos fueron el resultado de tiros libres o de situaciones fortuitas. La clasificación del Bologna para las semifinales parecía más que merecida.

****

En la semifinal, los hombres de Lelovics se encontraron con un rival igualmente formidable: el defensor del título, el First Vienna, que había eliminado al Újpest en cuartos de final. No habían sido muy convincentes: ganaron el partido de Viena por 5-3 después de que la primera parte terminara 2-3 a favor de los húngaros, y la segunda, según el equipo visitante, se caracterizara por una serie de faltas de los vieneses que no fueron sancionadas por el árbitro. Hugo Meisl también reivindicó la superioridad de los húngaros, pero señaló que se quedaron atrás en la segunda parte. Sin embargo, los austriacos resistieron en el partido de vuelta y el empate a uno les permitió acceder a las semifinales. Los Döblinger se apoyaron una vez más en su excelente columna vertebral compuesta por el defensa-goleador Blum, el central de apoyo Hoffmann y el alto Fritz. Uno de los defectos del equipo austriaco, descrito por la mayoría como una formación de corte defensivo y como tal, en contraste, con el estilo expresado por las formaciones del Danubio, era su falta de ritmo y velocidad, algo que a menudo se traducía en una falta de contundencia.

---

80   El gol de saque de esquina, especialmente en Sudamérica, suele llamarse gol olímpico. Se llama así en homenaje a Cesareo Onzari, que en 1924 marcó directamente desde la esquina contra Uruguay, que acababa de proclamarse campeón en los Juegos Olímpicos.

El partido de ida se disputó en Bologna el 10 de julio, en un clima refrescado por la lluvia que había caído en la ciudad durante los dos días anteriores. Por este motivo, el First Vienna se encerró en el Hotel San Marco y tuvo que renunciar a hacer turismo. Ambos equipos estaban al completo y a las 17:00 horas el silbante checoslovaco Cejnar inició el partido con Arpinati en la grada.

El Bologna afrontó la prueba contra el vigente campeón de la mejor manera posible: la primera parada del portero rival llegó en el minuto seis. A continuación, la presión de los rossoblu generó cuatro disparos desde el punto de penalti desde el minuto 9 hasta el 15, antes de que Kaller, uno de los defensores del equipo visitante, consiguiera detener el disparo de Schiavio desde la línea con el portero batido. Gschweidl, abandonado a su suerte, parecía casi desinteresado en el juego, ya que sus compañeros estaban todos ocupados en defender. Schiavio, por su parte, fue instado repetidamente por sus compañeros, y en el minuto 26 estuvo a punto de marcar de nuevo con un buen disparo desde fuera del área que fue desviado a córner por el portero. El delantero del Bologna falló otra ocasión antes de que los equipos se fueran a los vestuarios.

La segunda parte comenzó con un First Vienna más animado y con ataques de ambos bandos. En el minuto cinco, los visitantes estuvieron a punto de marcar y por momentos tuvieron el balón en sus manos, quizás porque el Bologna estaba cansado por la energía gastada en los primeros 45 minutos. Paradójicamente, tras una primera parte transcurrida constantemente en el campo contrario, el Bologna se adelantó en el contraataque: Reguzzoni centró desde la izquierda y Maini cabeceó el balón a la red. Comenzó una fase convulsa, más nerviosa, caracterizada por las escaramuzas entre los jugadores: Blum, Maini, Schönwetter y Montesanto tuvieron un altercado muy acalorado. El partido seguía siendo tenso y el Bologna mantenía su ventaja gracias a una salvada elástica de Gianni tras el disparo de Gschweidl. Luego, en el minuto 44, Sansone marcó en un tiro libre ejecutado por Montesanto y el balón acabó en la red tras colarse entre una multitud de piernas. Fue un gol importante que dio al Bologna una ventaja significativa de cara al partido de vuelta del 17 de julio.

El día de la vuelta, el ambiente era tenso, no por lo ocurrido en Bolonia, sino por los enfrentamientos entre aficionados en el partido de Praga entre el Slavia y la Juventus. Por ello, la alerta en el estadio Hohe Warte era muy alta y, debido al chaparrón que había caído sobre Viena, la afluencia de público no fue de las mejores.

El First Vienna afrontó el partido con nerviosismo y algunos jugadores parecían tener ganas de remontar el resultado inmediatamente. Gschweidl, habitualmente el referente central, jugó más descentrado que de costumbre, y los dos laterales, Brosenbauer y Schönwetter, se mostraron poco incisivos. El partido parecía estar equilibrado desde el principio, y el Bologna no quería hacer cálculos. En el minuto 15, sin embargo, el partido se abrió de nuevo después de que Monzeglio tocara el balón en el área. Schönwetter convirtió y el público recuperó la confianza. La confianza aumentó unos minutos más tarde, cuando Blum se acercó al 2-0 con un disparo lejano. Entonces, el Bologna tomó el control del partido: en el minuto 26, Schiavio fue detenido en el último momento por Blum cuando se disponía a chutar el balón a la red, y los Döblingers, ahora contra las cuerdas, comenzaron a montar algunos contraataques poco frecuentes. Aunque la primera parte terminó con un 1-0 a favor de los austriacos, algunos periódicos italianos afirmaron que fue una de las mejores actuaciones de un equipo italiano a nivel europeo.

Los primeros 20 minutos de la segunda parte fueron menos emocionantes, con los dos equipos luchando en los tiros de esquina, pero sin resultados apreciables. En primer lugar, el Viena, necesitado de encontrar al menos el gol del 2-0, aumentó su presión y algunos de sus jugadores empezaron a funcionar. Brosenbauer, que no había marcado en la primera parte, se hizo notar con algunas carreras por la derecha que causaron muchos problemas a Gasperi, el lateral encargado de marcarle. Los locales dispusieron de dos oportunidades más, pero siempre al contraataque: la actitud del Bologna de atacar a su rival incluso cuando podía defender su ventaja era atípica para un equipo italiano, lo que le convertía en el más danubiano de los equipos italianos. Sin duda, parte del mérito correspondía a los entrenadores austríacos y húngaros que habían hecho y estaban haciendo historia en el club. El partido terminó exactamente como había empezado y continuado: constantes cambios de dirección que podrían haber significado un empate o un doblete para el First Vienna, pero nada de esto ocurrió. Los hombres de Lelovics se clasificaron más que merecidamente para la final. Se habían impuesto a una potencia como el Sparta y ahora, en una demostración de fuerza entre la ida y la vuelta, habían eliminado al defensor del título. Era la primera vez que un equipo italiano no solo llegaba a la final, sino que daba la impresión de ser el más fuerte del continente.

****

El día del partido en Bolonia, la Juventus y el Slavia se enfrentaron en la vuelta de la otra semifinal. El partido de ida había terminado con un 4-0 a favor de los checos, y había estado marcado por la polémica y los enfrentamientos violentos entre aficionados. El ambiente fue feroz desde el principio, con los 28 000 ruidosos espectadores locales animando a sus jugadores y abucheando a sus adversarios bajo la lluvia torrencial del Letná Stadion. Ni siquiera los jugadores del Slavia prestaron atención a una sutileza: en el primer minuto del partido, un jugador italiano, Bertolini, se vio obligado a abandonar el estadio para recibir ayuda médica del personal del HCL. El desafío se mantuvo abierto hasta el minuto 25 de la primera parte y ambos equipos estuvieron a punto de marcar en repetidas ocasiones. A partir de ese momento, el Slavia tomó la delantera y, en el transcurso del partido, redondeó el marcador. Los enfrentamientos continuaron a lo largo de los 90 minutos. Tras un duro contacto entre Puč y Cesarini, Sloup-Štaplík, el en-

trenador checoslovaco que había sucedido a Madden dos años antes, entró en el terreno de juego para protestar, y Cesarini, al no gustarle, se encaró duramente con el técnico. Cesarini también la tomó con el árbitro, que en su opinión fue culpable de no sancionar una falta cometida contra el jugador italiano Sernagiotto[81]. En realidad, las desavenencias entre el árbitro Braun y los jugadores italianos habían comenzado unos días antes: Braun también había dirigido el partido de vuelta de los cuartos de final entre el Ferencváros y la Juventus, y había señalado tres penaltis a favor de los magiares[82]. Pero volvamos a los hechos de Praga: se produjo una primera invasión del terreno de juego, seguida unos minutos después por una segunda, provocada por otra falta de Cesarini. Algunos jugadores del conjunto italiano, en particular Orsi, Varglien, Vecchina y Caligaris, fueron agredidos y, a pesar de la intervención de la policía, tuvieron que defenderse de las patadas y los puñetazos de los aficionados locales. Cesarini fue expulsado antes de que se reanudara el partido. El árbitro Braun también fue golpeado en la trifulca, por lo que tuvo que abandonar el campo durante diez minutos. Cuando se reanudó el partido, los bianconeri se quedaron con ocho jugadores: además de Cesarini, expulsado, Varglien y Vecchina aún no se habían recuperado de sus golpes. Fue en esa fase del partido cuando Fiala marcó el cuarto gol del Slavia de penalti.

El partido terminó en medio de la controversia, una controversia que invariablemente se desataría en los periódicos y en las federaciones nacionales. Unas horas después de los acontecimientos en Praga, la FIGC solicitó un informe a la Juventus, a la delegación italiana en Praga y a Hugo Meisl sobre lo ocurrido. Los periódicos italianos esperaban que el domingo siguiente, cuando se jugara el partido de vuelta, la Juventus diera una lección "a los tontos incivilizados de Praga". La FIGC, queriendo mostrar su solidaridad, decidió castigar a Cesarini por su conducta antideportiva con una multa de 2000 liras, la misma medida que el Sparta había tomado contra Braine tras el partido Bologna-Sparta. Al mismo tiempo, sin embargo, preguntó a Hugo Meisl por las sanciones impuestas por la Federación Checoslovaca.

El partido de vuelta en Turín se había fijado para el 10 de julio y se disputaría en un ambiente definitivamente caldeado, hijo de los disturbios del partido de ida. Nada más llegar a Turín, los jugadores del Slavia fueron agredidos por un grupo de hinchas de la Juventus, a los que la policía impidió el paso. En el estadio y en sus alrededores, la policía patrullaba cada rincón para sofocar cualquier signo de violencia. El partido ni siquiera había comenzado cuando se produjeron los primeros incidentes: en el borde del campo, antes del lanza-

---

81   Pedro Sernagiotto, apodado Ministrinho, nació en São Paulo y formó parte de la colonia de jugadores que llegaron a Italia desde Sudamérica a principios de la década de 1930.

82   Los penaltis los marcó György Sárosi, que ese año se estrenaba como internacional. Al final ese partido fue descrito por el entrenador de la Juve, Carcano, con una palabra: "Extraordinario".

miento de la moneda, Combi se negó a dar la mano a Ženíšek, capitán del Slavia, y Plánička, que acababa de colocarse delante de la portería, fue golpeado por los guijarros procedentes de la tribuna superior. No es fácil aclarar el alcance de los daños al portero checoslovaco. Los acontecimientos que rodean el doble enfrentamiento entre el Slavia y la Juventus deben analizarse escuchando las dos partes del argumento. Lo que sí es cierto es que Plánička fue golpeado, que quedó tendido en el suelo durante unos instantes y que luego se levantó de nuevo entre las vehementes protestas de sus compañeros.

Fue entonces cuando el silbante austriaco Miesz inició las hostilidades y los aficionados italianos, que parecían haberse calmado, comenzaron a apoyar a sus favoritos con cánticos de incitación. La Juventus se adelantó en el minuto 15 gracias a Cesarini, después de que Plánička, que había sido decisivo en tres ocasiones, le negara la ventaja. Los ánimos no cambiaron y, en el minuto 40, Plánička recogió el segundo balón de la bolsa, gracias al lanzamiento de penalti de Orsi. Según los periódicos de Praga, el penalti se concedió por la presión del público local. Cuando el primer tiempo llegaba a su fin, Junek, el delantero visitante, cogió un objeto de la grada y lo lanzó a uno de los rivales. El gesto descarado fue advertido por Combi, que inmediatamente advirtió al árbitro. El resultado fue una increíble conmoción que requirió la intervención de la policía antes de que los jugadores pudieran llegar a los vestuarios. Por su parte, los periódicos checoslovacos acusaron a Caligaris de acercarse al locutor checoslovaco Josef Laufer de forma amenazante. Puč, que se convertiría en el máximo goleador de la selección checoslovaca de todos los tiempos y que estaba presente en el campo aquel día, recordaría años después: "Nos sentíamos como prisioneros, escoltados por los carabinieri fuera del campo. Para protegernos, incluso se prohibió la venta de bebidas embotelladas. Y después del partido, cuando volvimos al hotel, se habían colocado cordones policiales a lo largo de las calles del barrio".

En cuanto los dos equipos volvieron al campo para la segunda parte, Plánička, tras una carrera de Sernagiotto por la banda que fue interrumpida por un defensor visitante, volvió a caer al suelo, probablemente debido a otra piedra de la grada. Al día siguiente del partido, los periódicos italianos se mostraban escépticos: según ellos, Plánička había fingido haber sido golpeado, pero luego, como los médicos del campo no habían encontrado marcas en la nuca del portero, este había dicho que había sido víctima de una insolación. Los periódicos italianos también especularon con la posibilidad de que hubiera caído enfermo tras beber agua helada en el descanso. La versión checoslovaca era muy diferente: Plánička había sufrido un trauma psicológico como consecuencia del golpe recibido, que le habría impedido continuar el juego en paz. Sin embargo, los jugadores del Slavia arrastraron a su portero fuera del terreno de juego sin devolverlo. Así, el partido duró 45 minutos y 50 segundos. Una excusa según los italianos, ya que había un tiempo técnico de diez minutos para sustituir a un portero por un

jugador en movimiento[83]. El veredicto quedó así en suspenso y los dos equipos se fueron de vacaciones para esperar la decisión del comité. Si el comité juzgara que el abandono del campo por parte del Slavia se debe a una causa de fuerza mayor, probablemente castigaría a la Juventus excluyéndola automáticamente de la competición. De lo contrario, habría otorgado a los bianconeri una victoria por 3-0, un resultado inútil en términos de clasificación dado el resultado del partido de ida. Toda la cuestión giraba en torno a Plánička y al alcance de su lesión. ¿Había sido víctima de una enfermedad? ¿Había hecho una escena? ¿O realmente había sido golpeado repetidamente por los hinchas de la Juventus? El asunto se intensificó en los días siguientes. Desde Praga declararon que "el Slavia y sus dirigentes fueron víctimas del comportamiento bárbaro de los fascistas italianos", mientras que el árbitro Miesz afirmaba que Plánička no había resultado herido y que el partido podría haber seguido adelante. Dos periódicos húngaros, el Uj Nemzedek y el Nemzeti Ujszag, señalaron la mala conducta de los checoslovacos en el partido de ida. Sin embargo, según los periódicos checoslovacos, sus colegas italianos habían insultado a los jugadores y aficionados del Slavia con epítetos como "cerdos" y "cucarachas de Bohemia"[84]. La FIGC se planteó incluso boicotear el partido de la Copa Internacional entre Checoslovaquia e Italia del 28 de octubre. La preocupación de la federación italiana era que los estadios de Praga no estaban vallados y que en demasiadas ocasiones el público local hacía mal uso de la libertad que se le daba. La comisión, que en un principio había pensado en organizar una eliminatoria en un campo neutral, se reunió en Klagenfurt el 16 de agosto por la mañana. Tras cuatro horas de intensas consultas, en las que también participaron los árbitros de Praga y Turín, así como los representantes de Italia y Checoslovaquia, Zanetti y Pelikan, el presidente Gerö ordenó a los interesados que abandonaran la sala durante un tiempo mientras las federaciones que no estaban implicadas en el asunto —la austriaca y la húngara— tomaban una decisión. Cuando Zanetti y Pelikan regresaron, se enteraron por Gerö que ambos equipos habían sido descalificados: habían sido declarados igualmente culpables de los disturbios entre el partido de ida y el de vuelta. El Slavia recurrió en los días siguientes, pero el recurso fue rechazado. Se produjo una diatriba dentro de otra diatriba: la Federación Checoslovaca declaró su intención de boicotear al árbitro Miesz, del que afirmaba que había redactado un informe falso que perjudicaba las pretensiones del Slavia, mientras que el comité organizador, apoyado por la junta de árbitros vienesa, respaldó al árbitro, argumentando que si no se retiraba el boicot a Miesz, las distintas federaciones tendrían derecho a no aceptar a los directores de partido checoslovacos.

El 7 de noviembre, el comité tomó la decisión final: la Copa y las medallas

---

83   El Slavia podría haber desplegado un jugador en la portería en lugar de Plánička, pero como las sustituciones aún no estaban disponibles, habría tenido que continuar el partido con 10 contra 11.

84   No tengo constancia de ello.

de oro fueron para el Bologna, el primer equipo italiano en ganar una competición europea de clubes. Esta alegría se vio atenuada por el hecho de que, al no poder jugar la doble final, el Bologna habría tenido que renunciar a una importante renta. El hecho de que la victoria del Bologna se hiciera oficial el 7 de noviembre dio lugar a un malentendido: según diversas fuentes, el entrenador que ganó la Copa Mitropa de 1932 fue József Nagy. De hecho, Nagy era el entrenador encargado en ese momento, pero fue Lelovics quien había jugado los partidos de Mitropa y quien se había trasladado a Livorno al día siguiente de la victoria.

CAPÍTULO 8

1933 - MATTHIAS SINDELAR Y EL EQUIPO DE LAS COFFEE HOUSES

La propuesta de contar con cuatro participantes por país y de invitar a otros países se repitió en otoño de 1933: los clubes austriacos, en particular, presionaban para aumentar su presencia. Meisl no está de acuerdo. No tiene nada en contra de la ampliación a otras selecciones y países, al contrario, pero teme que esto multiplique los problemas ya observados en años anteriores, el último en particular, es decir, la violencia en los estadios y las constantes amenazas de boicot. Por lo tanto, el formato sigue siendo el mismo. Sin embargo, los equipos italianos, que eran los de mayor recaudación, vetaron el cambio y el reparto siguió siendo el mismo: 70% para el equipo local y 30% para el visitante.

La edición de 1933 prometía estar abierta a todas las posibilidades: con la victoria de Bologna el año anterior, entre 1927 y 1932, todas las federaciones participantes habían ganado al menos un trofeo. El fútbol europeo, un año antes de la Copa del Mundo, la primera que se celebraría en el Viejo Continente, se había vuelto más competitivo que nunca.

****

El Austria Viena, que en los primeros años de su existencia había competido principalmente con el First Vienna, encontró en el Rapid su más directo oponente en los últimos años. El Austria Viena y el Rapid eran antitéticos en todos los aspectos: mientras que el Rapid era el equipo más popular en los suburbios, el Austria Viena estaba en el centro de la ciudad, y mientras que el Rapid era el equipo de la working class, Die Veilchen, las Violetas, como se apodaba al Austria Viena, era el equipo burgués y judío de la capital, cuyos seguidores eran en su mayoría bohemios, amantes de la buena vida y asiduos a los cafés del centro de la ciudad. Aquí, se decía, solían reunirse por las noches para derrochar su dinero en el juego. Esta diversidad de orígenes y de identidad social fue la base de los frecuentes enfrentamientos que se produ-

cían cada vez que se jugaba el derbi. Sin embargo, el Rapid y el Austria[85] no siempre se han disputado el título a lo largo de su historia: bajo el nombre de Club de Cricket y Fútbol de Viena, el Austria había levantado dos veces la Challenge Cup a principios de siglo, en una época en la que el Rapid estaba muy lejos del nivel que alcanzaría pocos años después[86]. A partir de 1911 —el año que marcó el nacimiento de una verdadera liga austriaca— fue el Rapid quien se impuso como el mejor equipo del país. No fue hasta la temporada 1923/24 cuando el Austria Viena consiguió romper la hegemonía de los verdiblancos, gracias sobre todo a la llegada de algunas estrellas de Hungría. A partir de ese momento, la competencia entre el Austria Viena y el Rapid se reavivó debido a la competitividad de ambos equipos. No es que el Austria y el Rapid fueran los únicos contendientes al título: había otros equipos punteros en el panorama austriaco, como el Admira, el First Vienna, el WAC y el Hakoah, aunque este último solo duró unos pocos años, pero ninguna rivalidad despertó el entusiasmo y la pasión de los aficionados como la que existía entre los Veilchen y los Grün-Weiss. Era una disputa tan sentida que a menudo acababa implicando incluso a la cúpula directiva, en primer lugar al máximo responsable del Rapid, Dyonis Schönecker. Como contó años después Karl Geyer, antiguo jugador del Rapid, cada vez que los verdiblancos tenían que enfrentarse a Austria, Schönecker se dirigía a sus jugadores con las siguientes palabras: "Sed buenos chicos, hoy jugamos contra los judíos. Ya sabes lo que tienes que hacer, ¡darles una lección! Luego volverán al lugar de donde vinieron. Los periódicos deportivos de la época, a menudo inclinados hacia determinadas posiciones políticas, también aportaron su granito de arena para exacerbar esta rivalidad. El Illustriertes Sportblatt, que solía alabar al Rapid y sus raíces obreras, describió a los Violetas como "un equipo de mercenarios del fútbol aturdidos por los humos sofocantes de los cafés". Sin embargo, también había algunos puntos de contacto: al igual que el once del Austria Viena estaba formado por varios jugadores de los suburbios de la capital cuyas familias eran de origen extranjero, el Rapid Viena contaba con algunos directivos judíos: Leo Schidrowitz, por ejemplo, autor de uno de los libros sobre los primeros años del fútbol en Austria (el cual encontrará en la bibliografía), había sido director del club de Hütteldorfer durante algunos años a partir de 1923. Si el Austria Viena fue capaz de mantener su posición en la cima y levantar más títulos después de que las dos estrellas húngaras, Schaffer y Konrád, hicieran las maletas, se debió principalmente a un factor: la explosión de Matthias Sindelar, apodado Hombre de Papel por su escasa estatura, que se convertiría en uno de los mejores jugadores de la década de 1930 y uno de los más importantes de la historia del fútbol austriaco. Había sido fichado por Austria en septiembre de 1924, había ganado la Copa

---

85   Coloquialmente, Rapid Vienna y Austria Vienna son conocidos por todos como Rapid y Austria.

86   El Rapid había competido en la Challenge Cup en cuatro ocasiones, pero solo en una de ellas pasó la primera ronda.

de Viena al final de la misma temporada y al año siguiente había levantado tanto la copa como el campeonato. Sin embargo, su consagración coincidió con un declive en el equipo de Favoriten, lo que no le impidió ganar otra Copa de Viena en 1933 y realizar una aportación vital: seis goles en cinco partidos. Esta victoria supuso la participación en la Copa Mitropa, la primera en la historia de los Violetas de Viena.

****

Austria se enfrentó al Slavia, un equipo que volvía con mal pie tras los acontecimientos del año anterior. En el banquillo vienés estaba Josef Blum, un conocido reciente del fútbol austriaco y europeo, antiguo defensa y abanderado del First Vienna que había ganado la Mitropa dos años antes. A pesar de que Austria era un recién llegado a la competición, a las 18:30 del 21 de junio había más de 20 000 espectadores en el Letná Stadion. Esto se debió principalmente a la presencia de Sindelar, a sus recientes hazañas con la selección austriaca y a sus orígenes: el Hombre de Papel nació en Iglau, una pequeña ciudad a medio camino entre Praga y Brno. Los periódicos de Praga hicieron todo lo posible para promocionar el evento y atraer al mayor número posible de personas al estadio. Como era de esperar, Sindelar recibió una lluvia de aplausos.

El Slavia comenzó a atacar, pero en la primera contraofensiva de los visitantes el público local enmudeció: el capitán Ženíšek, al intentar rechazar un balón, se hizo un gol en propia puerta. Sin embargo, la presión de los checoslovacos volvió a empezar y en dos minutos, entre el 27 y el 28, el Slavia dio la vuelta al resultado gracias a los goles de Kopecký a pase de Joska —que se alineó en lugar del lesionado Puč— y de Svoboda.

El gol de Joska en el minuto cuatro de la segunda parte significó el 3-1, un resultado que pareció convenir a los locales, los cuales siguieron atacando. A Austria, en cambio, no pareció importarle demasiado: la desventaja de dos goles representaba un margen recuperable, sobre todo por el hecho de que se acumulaba en un partido fuera de casa, al menos según la joven historia de la competición. Sindelar, autor de una buena actuación individual, fue duramente marcado, y durante unos minutos tuvo que abandonar el campo por un golpe. Hugo Meisl dijo al final del partido: "La victoria del Slavia no fue inmerecida, quizá con un poco de suerte Austria podría haber marcado otro gol, pero apenas alcanzó la victoria. Sindelar mostró sus puntos fuertes y débiles, como el remate. Por eso no pudo sorprender a Pláníčka".

La víspera del partido de vuelta, Sindelar advirtió al público vienés: a través de un periódico local había dicho que "se prepararan para una lucha a muerte". El partido comenzó y apenas dos minutos después de que el árbitro Barlassina hiciera sonar el silbato, El Hombre de Papel tuvo una oportunidad: su lanzamiento pasó por encima de Pláníčka, pero justo antes de que entrara en la red, un rival consiguió evitar el peligro en una acrobática jugada. La lucha a muerte estaba ahora en pleno apogeo: dos minutos más tarde, Pláníčka tuvo

que intervenir en los pies de Mock para evitar el 1-0, antes de que el portero checoslovaco ganara otro duelo ante Sindelar con una espectacular zambullida sobre el remate del delantero. Sin embargo, Plánička se vio impotente minutos después, cuando Stroh adelantó a su equipo al terminarse el tiempo. El entusiasmo del público se vio ligeramente empañado por el altavoz que anunció en el descanso que la Ambrosiana se había adelantado al First Vienna; partido que se jugaba a la misma hora.

La segunda parte se describió como un auténtico espectáculo del Hombre de Papel: en el minuto 48 el delantero inspiró una acción que fue frustrada en el último momento por Puč con un rebote defensivo en profundidad, y en el minuto 58 ayudó a Viertl a marcar su segundo gol. El tercer gol, fruto de un error defensivo, llevó su firma. El público vienés estaba extasiado, como lo estarían los periódicos al día siguiente. Sport-Tagblatt habló de un "día increíble para el deporte vienés", mientras que La Gazzetta dello Sport escribió: "Salvo la actuación del Rapid contra el Glasgow Rangers, ningún otro partido puede compararse en belleza de juego con el que ofreció Austria en el Estadio Municipal". El 4-0 del First Vienna había pasado a un segundo plano.

****

La semifinal enfrentó al Austria Viena con la Juventus, que había superado al Újpest. La remontada de Austria en la semifinal de vuelta había evitado un gran riesgo: el de una reedición entre la Juventus y el Slavia, un acontecimiento que habría sido difícil de gestionar en términos de orden público, dado el nuevo precedente. En el plano deportivo, el público italiano no supo determinar si la victoria austriaca beneficiaba a los bianconeri: si bien el Slavia contaba con una mayor tradición internacional que los austriacos, también era cierto que el Austria Viena —y Sindelar— se perfilaba como uno de los equipos europeos a batir. Tanto los periódicos italianos como los austriacos se mostraron mutuamente respetuosos. En Viena estaba claro que se enfrentaban al equipo más fuerte de Italia, mientras que en el lado de la Juventus la sensación era que, aunque habían quedado quintos el año anterior, los Violetas eran el mejor equipo vienés del momento. El presidente del Austria Viena, Emanuel Schwarz, que junto con Sindelar, Hugo Meisl y otros jugadores austriacos habían hecho los honores a los bianconeri, había declarado que temía tanto a la Juventus que no desdeñaba una eliminatoria de vuelta que llevara a la repesca. Meisl, en cambio, se mostró más confiado. "Si nuestros jugadores juegan como lo hicieron contra el Slavia, no tendremos ninguna preocupación", declaró. Sindelar, preguntado por los periodistas sobre su estado, respondió: "Si estoy bien... ¡Perfectamente! En Praga, tras nuestra mediocre actuación, muchos me cantaron el De Profundis. Sindelar, decían, es ahora un futbolista de antaño. Y, convencidos de que me habían enterrado, se quedaron atónitos cuando se enteraron de que, sin querer presumir, en realidad había sido en gran medida yo quien había destruido todas las esperanzas de los checos". La víspera de los bianconeri había sido igual de despreocupada: la acogida del público había sido calurosa, y esa misma noche el equipo de Turín había ido al teatro a ver la ópera Sissy de Fritz Kreisler, un clásico basado en el amor entre el emperador Francisco e Isabel. Pocas veces se había sentido tanto un partido: en todas partes, en Viena y en Turín, se hablaba del próximo desafío. En este torbellino de sentimientos y emociones, marcado por la gran deportividad y el respeto mutuo, dos de las selecciones más fuertes de Europa se enfrentarían el 9 de julio en el caos del Prater.

La semifinal del Prater entre la Juventus y el Austria Viena fue probablemente el partido de clubes europeos más esperado de todos los tiempos. Aunque el aforo del Prater era de unos 46 000 espectadores, más de un reporte al día siguiente informaba de una asistencia de 50 000 personas.

Los 50 000 —o 46 000— espectadores no tardaron en ver recompensada su expectación: no fue hasta el minuto tres cuando Sindelar, tras un lanzamiento de falta ejecutado por Nausch, adelantó a su equipo con un soberbio disparo desde 20 metros que terminó su parábola bajo el larguero derecho de la portería de Combi. El partido se reanudó en fases alternas: tanto la Juventus como los austriacos estuvieron a punto de marcar. El Austria Viena fue más concreto y Sindelar estuvo a punto de marcar dos veces, primero con un disparo que dio en el poste y luego con un tiro que fue neutralizado por el portero italiano. En el minuto 43, en medio de las protestas italianas, el árbitro concedió un penalti a los austriacos, provocado por un contacto en el borde del área entre Bertolini y Molzer. Ambos jugadores cayeron, pero el árbitro vio una irregularidad del italiano. Orsi intentó por todos los medios fastidiar al adversario corriendo alrededor del punto de penalti y probablemente lo consiguió, ya que Molzer remató al poste desde los once metros. Los dos equipos se fueron a los vestuarios con el resultado de 1-0.

La segunda parte comenzó con la Juve adelantada y el Austria más expectante. Pero en el minuto siete, Sindelar, que se enzarzó en un forcejeo con Rosetta, atrajo hacia sí a media defensa de la Juve, antes de servir a Viertl, que, desde lejos, batió a Combi por segunda vez. Los italianos pensaron que era un fuera de juego, pero el árbitro Klein, que señaló el círculo del centro del campo, no lo consideró así. La Juventus trató de reducir su desventaja avanzando: varias veces el portero austriaco Billich tuvo que salir o lanzarse para evitar algunos peligros. El partido estuvo hasta el minuto 85, cuando Monti avanzaba con el balón en el pie y Sindelar se abalanzó sobre él por detrás. Indispuesto, el italiano dio una patada al adversario, que permaneció en el suelo dolorido durante unos minutos. Klein expulsó a Doble Ancho —este era el apodo de Luis Monti—, aunque los italianos consideraron que la intervención del rival merecía la misma pena. Unos instantes después, Spechtl batió a Combi desde 15 metros: 3-0 fue el resultado final, un marcador que parecía excesivo para lo visto sobre el terreno de juego, aunque, como señaló Meisl al final del partido, la Juventus no estuvo muy concreta. Al día siguiente, La Stampa escribió: "Austria tuvo un artista en Sindelar. Si juegan así en la vuelta, la Juventus tendrá problemas. Otros periódicos italianos,

aunque aceptaron la superioridad de los vieneses y señalaron algunas actuaciones negativas de los bianconeri, se quejaron del arbitraje "casero" de Klein. Se acusó a Klein de haber pasado por alto las intervenciones de los jugadores locales y de haber castigado en exceso las cometidas por los torinenses. Sindelar fue acusado de instigar la expulsión de Monti fingiendo una lesión y el público de Viena de comportarse de forma antideportiva.

La vuelta, tan esperada como la ida, tuvo lugar exactamente una semana después. Los jugadores austriacos, saludados con gran entusiasmo por sus seguidores antes de su partida, fueron recibidos calurosamente por sus rivales. La Juventus llegó a ese partido con una ausencia importante: la de Monti, el único intérprete natural del papel de medio centro, inhabilitado en virtud de su expulsión la semana anterior y que además había sido multado con 1000 liras por el club, como le había ocurrido el año anterior a Cesarini.

El partido comenzó y Sindelar, al igual que en el partido de ida, tuvo una oportunidad en los primeros minutos, pero esta vez su disparo se fue por encima del travesaño. El peligro despertó a los italianos y empezaron a atacar a toda velocidad: en el minuto 21 se adelantaron con Ferrari, que logró depositar en la red un balón que se le había escapado de las manos al portero austriaco Billich. Las ofensivas del equipo local continuaron durante toda la segunda parte. En el espacio de 5 minutos, entre el 28 y el 33, Billich fue perdonado por dos postes golpeados por Ferrari y Cesarini desde el punto de penalti.

La segunda parte, sin embargo, fue en sentido contrario: en el minuto 48, el centrocampista austriaco Gall remató a la madera desde larga distancia y, desde ese momento, el Austria tomó el control del partido. Sindelar, marcado férreamente por Caligaris y Varglien II, ejerció de líder, aunque no logró impactar como en la ida. Al día siguiente del partido, Sport-Tagblatt informó de las "atenciones" que los defensores italianos prestaron a la estrella austriaca y los periódicos italianos también informaron de que Sindelar recibió un codazo de Varglien II de espaldas al árbitro checoslovaco Cejnar. El gol del empate de Molzer, impugnado por los jugadores italianos, que alegaron que el extremo derecho austriaco había cruzado la línea de gol antes de disparar, sentenció el encuentro. Mientras que los austriacos jugaron un partido prudente para clasificarse para la final, la Juventus pudo lamentar las numerosas ocasiones que desperdició en el partido de ida y en el de vuelta. El Austria Viena repitió la hazaña del Bologna del año anterior al clasificarse para la final en su debut en el torneo.

La competitividad de la edición de 1933 se puso de manifiesto en un hecho: los cuatro ganadores de los respectivos torneos nacionales habían sido eliminados. Esto significaba que el campeón estaría entre el Austria Viena de Matthias Sindelar, y la Ambrosiana de Giuseppe Meazza, dos auténticos outsiders.

****

Giuseppe Meazza y Matthias Sindelar, dos niños cuyos padres quedaron huérfanos durante la Gran Guerra, siguen siendo considerados por los historiadores del fútbol como los futbolistas europeos más importantes de la preguerra, dos auténticos iconos de sus respectivos movimientos futbolísticos. Dos campeones cuya popularidad iba más allá de los campos de juego: ambos se habían convertido en testimonios de varias marcas internacionales, y sus rostros se asociaban a todo tipo de productos. Mientras que Meazza se había convertido en el símbolo del régimen futbolístico, imagen que se consolidaría aún más tras el Mundial de 1934, Sindelar en Viena era considerado una prolongación deportiva de los más grandes artistas locales: se le comparaba con Mozart, y en todos los rincones de la ciudad se amaban y alababan sus hazañas deportivas.

Los dos tenían otras cosas en común: eran líderes de equipos que luchaban en sus respectivas ligas y ambos ocupaban la posición de delantero centro de forma atípica. Al no poseer el físico y la estatura de los clásicos goleadores ingleses, hicieron de la velocidad y la técnica sus mejores armas. Friedrich Torberg, un escritor vienés de la época, apodó a Sindelar Wafer por su ligereza, y Alfred Polgar afirmó que Sindelar jugaba al fútbol como un maestro de ajedrez mueve sus piezas mediante un concepto mental increíblemente amplio. Si Sindelar era conocido por su elegancia, su capacidad para amagar y enviar a sus compañeros a la portería, Meazza destacaba por su virtuosismo individual, Desde que apareció en el panorama futbolístico italiano y europeo, hizo gala en repetidas ocasiones de su marca: el famoso gol de invitación. Los defensores, preocupados por sus movimientos serpenteantes, a menudo ideaban jaulas humanas para contener su talento.

Ambrosiana había surgido como una auténtica novata en la competición. La primera vez que apareció en el escenario de la Mitropa, en 1930, derrotó al vigente campeón, el Újpest, y en la edición de 1933 eliminó al más experimentado First Vienna y al Sparta de Praga entre los cuartos de final y las semifinales, vengando la derrota por 6-1 que había sufrido tres años antes. En dos ocasiones, los aficionados del Austria Viena escucharon los resultados de Meazza y sus compañeros por el altavoz de su estadio, y mientras la derrota del First Vienna fue abucheada por puro localismo, la hazaña del equipo milanés contra el Sparta de Praga causó sorpresa, pero también temor. Además de Meazza, la Ambrosiana, dirigido por el técnico húngaro Árpád Weisz, contaba con otros excelentes jugadores, como el defensa nacional Allemandi, los oriundi Frione y Demaría, además del delantero Levratto, que había debutado en la competición años antes con la camiseta del Génova. Los austriacos, para evitar las habituales aglomeraciones en torno a la estación, habían salido de Viena a las 7:45 del día anterior, junto con Meisl y el presidente Schwarz.

Los equipos saltaron al campo bajo las órdenes del silbante húngaro Klug[87] el 3 de septiembre en el Arena Civica ante unos 35 000 espectadores. En los primeros compases, Austria fue la favorita: los delanteros austriacos llegaron al área rival en varias ocasiones sin llegar a materializar. La acción más valiosa fue un remate en solitario de Sindelar que, tras liberarse con tres amagos de cuerpo, lanzó un potente disparo que terminó apenas desviado. Entonces el partido comenzó a presentar continuos ataques de ambos bandos: en uno de ellos la Ambrosiana estuvo a punto de marcar con Frione. En el minuto 11, tras una parada de Ceresoli a disparo del Hombre de Papel, Levratto se lesionó tras un contacto con el austriaco Graf. Abandonó el campo durante unos minutos y luego regresó, aunque visiblemente dolorido y limitado en sus movimientos. Viertl derrochó una oportunidad y Levratto estrelló un balón en el poste, y el mismo delantero, en el minuto 20, no consiguió devolver a la red un gol de Frione desviado por Nausch. En el minuto 35, los aficionados nerazzurri estallaron de alegría después de que Frione, asistido por Meazza, batiera a Billich. Pero Klug lo anuló: había reconocido un fuera de juego del delantero. Cinco minutos más tarde, en un saque de esquina, Meazza introdujo en la red el rebote corto del portero austriaco, y el público pudo por fin alegrarse de verdad. Solo pasó un minuto y Levratto, desde un punto fijo, lanzó un tiro de esquina que puso el 2-0 para los nerazzurri. Austria parecía un boxeador vencido y corría el riesgo de capitular por tercera vez en cuatro minutos, pero el disparo de Frione se estrelló en la parte superior del travesaño. Los equipos se dirigieron a los vestuarios con el marcador 2-0.

En la segunda parte, el equipo austriaco comenzó a hilvanar su juego, pero sin crear mayores peligros: la Ambrosiana realizó un juego cuidadoso y logró no conceder mayores oportunidades al rival. Faccio, el centrocampista de los nerazzurri que se encargaba del marcaje de Sindelar, trató de seguir lo más posible a la estrella austriaca e intentó mantener el ritmo del rival en la medida de lo posible. La primera parte del segundo tiempo fue un auténtico asedio con el balón rozando varias veces el larguero de la portería defendida por Ceresoli. Después de que un desvío del portero austriaco impidiera el gol de Demaría, Austria cosechó los beneficios de su presión: Spechtl aprovechó un pase luminoso de Sindelar y, desde una posición descentrada, puso el 2-1 en el marcador. Los últimos 13 minutos transcurrieron sin ninguna emoción especial. La victoria por 2-1 en Milán dejó contentos a los dos equipos: a la Ambrosiana, que, aparte del cuarto de hora en el que marcó los dos goles, no había tenido una actuación brillante, y al Austria, que sabía que podía jugar en su propio terreno. Los clubes respectivos también podrían estar satisfechos: compartirían la generosa recaudación de 300 000 liras. Nunca antes un evento deportivo celebrado en la Arena Cívica había generado

---

87   Austria no había aceptado la candidatura del árbitro Ivanicsics, alegando que era amigo de Weisz.

tantos beneficios. Los dos equipos volvieron a encontrarse el 8 de septiembre, pero no antes de cenar juntos en un restaurante del centro de la ciudad.

La víspera del partido de vuelta, el Austria Viena devolvió la hospitalidad y la cortesía de unos días antes recibiendo a los italianos en la estación y llevándolos al Hotel Meissl & Schadn. Varios aficionados italianos se acercaron al hotel, y Sindelar, que había hecho los honores junto a sus directivos, fue sorprendido charlando con Meazza en el vestíbulo.

La final de vuelta se celebró el 8 de septiembre. Los dos equipos se presentaron con algunas ausencias: entre los italianos faltaban Levratto, que había sufrido una distensión muscular en el partido de ida, y Demaría. Por otro lado, los austriacos tuvieron que renunciar a Gall, víctima de una lesión, y a Spechtl, este último por una decisión técnica: aunque había sido el goleador del partido de Milán, Blum había sorprendido a todos al decidir apostar por uno de los talentos emergentes del fútbol austriaco, Camillo Jerusalem. Si en el partido de Milán se batió el récord de recaudación, el de Viena no fue menos impresionante: 58 000 espectadores llenaron las gradas, una asistencia nunca vista en el Prater.

El comienzo de la primera parte mostró un gran equilibrio y varias ocasiones por parte de ambos equipos: la Ambrosiana, aunque ligeramente inferior, confirmó su peligrosidad y tuvo una buena ocasión en el minuto cinco, pero sus delanteros se encontraron tres veces con la defensa rival. El partido continuó en fases alternas y en el minuto 44 Austria se adelantó con un penalti: Viertl, tras una penetración en el área, fue derribado por Agosteo. El árbitro Cejnar pitó el penalti, a pesar de las protestas italianas, y Sindelar batió a Ceresoli, aunque el portero italiano había adivinado la trayectoria[88].

Al comienzo de la segunda parte, el empate de la Ambrosiana congeló el entusiasmo de los aficionados locales. Nausch perdió mal un balón que Meazza, tras avanzar a gran velocidad, cruzó a Frione, el cual lo cabeceó a la red. Pero la bandera del juez de línea se levantó y el júbilo de los italianos se apagó, lo que provocó protestas de nuevo. El partido se calentó y, en el minuto 65, Allemandi fue expulsado por un pisotón a Stroh. La Ambrosiana no tardó en quedarse con dos hombres menos: Cejnar expulsó a Demaría del campo por otro contacto. Los milaneses, cuya moral estaba visiblemente afectada, se vieron en evidentes apuros, y Sindelar marcó el 2-0 con un remate de vuelo a centro de Molzer. Todo parecía ir bien para los austriacos cuando, en el minuto 83, Meazza recogió un centro y batió a Billich: 2-1, y el resultado era un empate en el marcador global. La Ambrosiana se atrincheró en defensa, pero a dos minutos del final cometió un error fatal: se olvidó del Hombre de Papel, que recibió otro centro de Molzer y marcó un triplete.

---

88   Según el *Corriere della Sera*, la concesión del penalti causó sorpresa incluso entre los jugadores austriacos.

El partido terminó con los austriacos contentos, encarnados por la deslumbrante sonrisa del capitán Nausch al levantar la copa, y la Ambrosiana triste, reflejada en las lágrimas de Meazza que, crítico con la actuación del árbitro, habría calificado el partido de "escándalo deportivo".

Josef Pepi Blum, el joven entrenador austriaco, consiguió un récord sin precedentes: fue el primero en ganar la Mitropa como jugador y como entrenador. Los italianos habrían presentado una queja de 20 páginas sobre el arbitraje de Cejnar, a quien La Stampa describió como "el gordo dictador de los pitos", quejándose también de que los austriacos habían cambiado el lugar de celebración. Pero todo fue en vano: Matthias Sindelar y Austria estaban en el techo de Europa.

CAPÍTULO 9

1934 - BOLOGNA, EL EQUIPO MÁS DANUBIANO DE ITALIA

En los días previos a la final de vuelta de 1933, se barajaron dos propuestas: convertir el formato de competición en una miniliga, y ampliar la participación a más equipos. Al final, solo se confirmó esta segunda hipótesis. En una foto en la que aparecen los miembros del comité organizador, Meisl, que en varias ocasiones se había mostrado contrario a aumentar el número de equipos invitados, parecía cansado y descontento, en claro contraste con las sonrisas de sus colaboradores[89]. Ahora, cuatro equipos de cada federación iban a participar en el evento, lo que implicaba un sorteo que también incluiría los octavos de final. Como siempre, los criterios de selección quedaron a la discreción de cada federación y, a excepción de Austria, todas ellas optaron por inscribir en el torneo a los cuatro mejores equipos de sus respectivas ligas[90]. Sin embargo, había algunas preocupaciones: la Copa Mitropa de ese año se disputaría al final de una temporada agotadora y solo una semana después de la final de la Copa del Mundo, un evento que consumiría una gran cantidad de energía física y mental. Al comienzo de la segunda Copa del Mundo se produjo una curiosa anécdota que atestigua la importancia que los jugadores concedían a la Mitropa. Johann Hansi Horvath, del FC Wien, decidió saltarse el primer partido de la Copa del Mundo

---

89   En varias ocasiones, Meisl no ocultó su oposición. Por ejemplo, el 7 de septiembre de ese mismo año, dos días antes de la final de vuelta, *Littoriale* informó de una entrevista concedida por Meisl al periódico checoslovaco *Ceskie Slovo*, en la cual subrayaba sus dudas sobre el número de equipos invitados, alegando que no todos se beneficiarían económicamente. *Littoriale*, por su parte, dijo que esperaba que se mantuviera el número de equipos invitados, ya que esto beneficiaría el carácter deportivo y competitivo de la competición.

90   Hubo que esperar hasta 1934 para que Austria decidiera inscribir en la Mitropa a sus tres primeros equipos y al ganador de un minitorneo entre el cuarto, quinto, sexto y séptimo de los clasificados de la liga. El torneo fue ganado por el Floridsdorfer.

con su selección para participar en la segunda final entre su club y el Florids-dorfer, que era válida para participar en la Mitropa. Unos días más tarde se incorporaría a la cita mundialista y sería alineado por Meisl en el partido de cuartos de final contra Hungría. Si, por un lado, la competición de la Copa del Mundo había mostrado a las principales estrellas del firmamento europeo, por otro lado había reavivado algunos rumores deportivos, políticos y diplo-máticos que llevaban tiempo dormidos. Las relaciones entre Italia y Austria se habían reforzado solo unos meses antes: Benito Mussolini, tras el intento de asesinato que había causado la muerte del canciller austriaco Engelbert Dollfuss, había desplegado sus tropas en el paso del Brennero para prote-gerse de una posible invasión del partido nacionalsocialista alemán, y había declarado su cercanía al pueblo austriaco. Pero en los años de entregue-rras, las relaciones tras los acontecimientos de la Primera Guerra Mundial seguían siendo inciertas y los periódicos echaban a menudo leña al fuego. Los acontecimientos que tuvieron lugar durante la Copa del Mundo no ayu-daron en absoluto: la Italia de Vittorio Pozzo, ganadora del torneo, se había enfrentado a Austria en las semifinales y a Checoslovaquia en la final. Ambos desafíos se caracterizaron por una vehemente polémica sobre el arbitraje y la organización del evento. Todo ello contribuyó a envenenar el ambiente que rodeaba a la próxima edición de la Mitropa.

****

El gol decisivo de la final entre Italia y Checoslovaquia lo marcó Angelo Schiavio, ganador de la Mitropa dos años antes, y todavía estrella indiscu-tible de un equipo boloñés cuya dirección técnica había cambiado una vez más: ahora Lajos Kovács, que había sucedido a Lelovics, era el cuarto entre-nador de la región del Danubio que se sentaba en el banquillo rossoblu. El Bologna no había destacado en el campeonato: había quedado cuarto y por eso había podido participar en la prueba con las nuevas reglas. Sin embargo, los nombres seguían siendo de alto nivel: a pesar de la retirada de Baldi el año anterior, los boloñeses habían conservado jugadores de valor absoluto como Sansone, Fedullo, Reguzzoni y Monzeglio, así como el ya mencionado Schiavio. Era imposible decir quiénes eran los favoritos en esta ocasión: ade-más del vigente campeón, el Austria Viena, el torneo contaba con el Ferenc-város, liderado por un emergente György Sárosi, la Ambrosiana de Meazza, el Admira de Viena, doble campeón de Austria —de liga y de copa—, y los temidos equipos habituales de Praga. El Rapid también había sido renovado: ese año los verdiblancos presentaban una alineación de ataque muy joven, formada por Bican, Binder y Kaburek. Tres jugadores que darían que hablar, especialmente los dos primeros.

****

En los días previos a los octavos de final, la prensa italiana había estado más apagada que de costumbre. El AC Napoli —recién llegado a la competición— parecía condenado sobre el papel, ya que debía enfrentarse al Admira, uno de los favoritos, mientras que los demás equipos italianos debían enfrentarse a tres equipos con una modesta tradición internacional: la Ambrosiana contra el Kladno, la Juventus contra el Teplicky FK, y el Bologna contra el Bocskai. En estos tres últimos casos, la victoria se daba por descontada. En el caso del Bologna, los periódicos italianos se preocuparon incluso por la magnitud de la victoria, que debería haber permitido a los rossoblu afrontar la vuelta sin preocupaciones.

El partido de ida entre Bologna y Bocskai se jugó en el Littoriale el 17 de junio. El árbitro era el checoslovaco Krist. La primera parte fue de total dominio rojiazul: Reguzzoni debutó en ese partido exactamente igual que dos años antes, marcando en los primeros minutos tras recoger un débil rechace del portero a un disparo de Schiavio. La indiscutible hegemonía boloñesa propició el 2-0 de Schiavio a la media hora de juego, gracias a un disparo a la escuadra que dejó inmóvil al portero húngaro.

La segunda parte fue mucho más reñida: Bocskai se armó de valor, creó varias oportunidades, sobre todo desde la banda derecha, y protestó con motivo de un gol de Teleki: el disparo del delantero húngaro, dirigido al córner alto, había cruzado la línea de gol según los visitantes. No según el árbitro, que ordenó que el partido continuara. Luego, a pocos minutos del final del partido, los húngaros tuvieron una segunda oportunidad para reducir la desventaja, pero el disparo de Dóczé se estrelló en el travesaño. El partido terminó 2-0. Una primera parte convincente fue contrarrestada por una segunda parte decepcionante, como señaló el entrenador Kovács al final del partido. Sin embargo, el 2-0 era un margen decente para el equipo de cara al partido de vuelta.

Los equipos se volvieron a encontrar en Budapest exactamente una semana después. El Bologna fue indudablemente superior y los húngaros apenas pudieron contener los ataques italianos. Entonces, los Bocskai salieron a la palestra y, en el minuto 18, un centro desde la derecha de Markos sorprendió a Hevesi, que aprovechó una salida a puerta vacía de Gianni: 1-0. Los húngaros siguieron atacando, pero sin éxito.

Al comienzo de la segunda parte, el Bologna empató: Maini regateó al portero y cedió a Reguzzoni, que marcó el gol con mayor facilidad. El Bologna se replegó en defensa intentando conservar el resultado, pero, en el minuto 66, los magiares volvieron a adelantarse con un gol en una situación confusa en el área marcado por Vincze. Monzeglio, que se había lesionado durante la acción, quedó confinado en la banda derecha, limitado de movimiento. El Bologna, que no había impresionado entre el partido de ida y el de vuelta, logró conservar su ventaja y se clasificó para los cuartos de final.

En vista de la gran afluencia de público, algo nunca visto en Debrecen, los directivos del club húngaro propusieron la creación de un minitorneo de consolación entre los equipos eliminados de la Copa Mitropa, que se celebraría en Debrecen. Sin embargo, la idea nunca llegó a materializarse.

****

El rival esta vez no sería una cenicienta, sino uno de los equipos históricos de aquellos años a pesar de no haber participado en las tres últimas ediciones: el Rapid Viena, que se clasificó para los cuartos de final tras un doble enfrentamiento con el Slavia. Una victoria a domicilio en la ida fue decisiva, seguida de un empate en la vuelta. Los verdiblancos mostraron sus cualidades ofensivas gracias al dúo Bican-Binder, ambos novatos en la competición y autores de tres goles en la eliminatoria.

El partido de ida se disputó en Bologna el 1 de julio ante un gran número de espectadores. La asistencia se vio favorecida por el hecho de que el club, a pesar de disputar un partido realmente importante, había decidido mantener los precios de las entradas sin cambios. Antes de que comenzara el partido, Monzeglio, que no jugaría debido a la lesión que sufrió contra los húngaros, y Schiavio recibieron un premio por el que habían presionado sus seguidores: una medalla de oro por sus hazañas en el Mundial. En las filas del Bologna había un recién llegado: el debutante Perazzolo, proveniente en calidad de cedido por la Fiorentina. Entre la multitud estaban también los hijos del Duce: Bruno y Vittorio.

El Bologna comenzó atacando y, tras una primera ocasión frustrada por el portero Raftl, se adelantó en el minuto 20: fue el propio Perazzolo quien dio la ventaja al Bologna, con un disparo que concluyó una acción iniciada por Maini y continuada por Schiavio. Este último jugador, de nuevo en el papel de asistente, sirvió a Reguzzoni para que doblara el marcador. Todo fue en vano: el árbitro frustró el entusiasmo del público al señalar un fuera de juego. La misma situación se produjo en el minuto 36: el árbitro anuló un segundo gol a Reguzzoni, de nuevo por posición irregular. Reguzzoni y Schiavio se intercambiaron los papeles, y el delantero del Bologna hizo el 2-0 en el minuto 40. Sin embargo, un minuto después, el Rapid marcó en uno de sus primeros momentos de acción: Binder recibió un penalti por una mano en el área de Maini, y venció al guardameta Gianni desde los once metros. Poco antes del final del tiempo inicial, el Bologna dispuso de un penalti por una falta del defensa Jestrab, pero Reguzzoni estrelló su disparo contra el portero rival. La primera parte, a pesar del claro dominio del equipo local, concluyo por la mínima diferencia.

En el minuto 52, Reguzzoni, servido por Fedullo, se resarció marcando el 3-1, seguido del cuarto gol de los Felsinei, anotado por Fiorini con el apoyo de Schiavio. La presión del Bologna siguió dando frutos y, en el minuto 69, la unión Reguzzoni-Schiavio marcó el quinto gol. Finalmente Reguzzoni, autor de una suntuosa actuación a pesar del error desde los once metros, puso a Fiorini en condiciones de marcar el sexto gol a tres minutos del final. El partido, que todo el mundo esperaba que fuera equilibrado, resultó ser un triunfo para los hombres de Kovács: con una ventaja de cinco goles, la remontada vienesa era menos temible.

El partido de vuelta se disputó en el Prater y, a pesar de que los pronósticos no eran favorables a los austriacos, los aficionados verdiblancos acudieron en masa. Se hicieron oír desde el principio y apoyaron a sus héroes por todos los medios, tanto legales como ilegales, como dirían los periódicos italianos del día siguiente, que informaron de repetidos lanzamientos de botellas desde las gradas a los jugadores visitantes. Según los periódicos italianos, el ardiente ambiente también influyó en el arbitraje del checoslovaco Ženíšek.

Franz Binder, apodado Bimbo, marcó desde el primer minuto, introdujo el balón en la red al final de una situación confusa que causó una contusión al portero del Bologna, Gianni. El público se entusiasmó aún más y lamentó las intervenciones de Gianni en dos tiros de Binder[91]. Pero entonces se callaron: Reguzzoni recibió de Maini y empató.

El partido se reavivó con un episodio violento en el minuto 65; Pesser dio una patada a Montesanto, y Monzeglio, que acudió en defensa de su compañero, fue expulsado tras la disputa con el austriaco. En el once contra diez, el desafío perdió en paridad; entre el 71 y el 80, Binder marcó tres veces más, en los dos primeros casos gracias a disparos desde los once metros. A pesar de la polémica arbitral y de los disturbios en las gradas, el Bologna se había ganado merecidamente su puesto en la próxima fase.

✱✱

En la semifinal, el Bologna se encontró con otro equipo que había desaparecido del radar de la Mitropa en los últimos años: el Ferencváros, ganador de la edición de 1928. El Fradi había llegado a las semifinales tras eliminar a dos debutantes: primero el Floridsdorfer y luego, con algunos dolores de cabeza más, el Kladno. El equipo húngaro participaba en la Mitropa como campeón de Hungría y su resurgimiento estaba ligado principalmente a un nombre, el de György Sárosi. Este se había hecho un nombre en la anterior edición del torneo, había asombrado al público húngaro e italiano con una brillante actuación frente a la Juventus y había pasado recientemente de de mediocentro a delantero. Los resultados, si cabe, fueron aún más sorprendentes. Entre el 1 y el 2 de abril se celebró en Budapest la Copa de Pascua, un torneo en el que participaron Fradi, Hungária, Rapid y Austria Viena. El Ferencváros dominó los dos partidos contra su rival austriaco —6-2 y 9-5—, y György Sárosi marcó nueve goles. Luego llegó el Mundial, uno que fue amargo para Hungría, en el que Sárosi marcó un gol de penalti. Los jugadores del Bologna, por su parte, habían recibido una oferta insólita de su directiva: si se clasificaban para la final, pasarían las vacaciones en Rímini de forma gratuita. Monzeglio, que había sido descalificado tras ser expulsado

---

91   Binder era conocido por sus potentes disparos, hasta el punto de que los caricaturistas de la época lo dibujaban a menudo con un cañón en lugar de una pierna. Al día siguiente del encuentro, *La Stampa* lo describió como un "maestro del tiro".

contra el Rapid, tuvo que perderse su segundo partido de la competición, y cuatro de sus compañeros —Reguzzoni, Montesanto, Gasperi y Gianni—, que se habían lesionado en la batalla deportiva de Viena, acudieron a un centro de medicina deportiva para recibir tratamiento a su llegada a Budapest. Schiavio se uniría a sus compañeros al día siguiente y finalmente todos participarían en el desafío[92].

El partido se disputó el 15 de julio bajo las órdenes del entrenador austriaco Braun en un terreno de juego poco habitual: carecía casi por completo de césped. El Bologna afrontó el partido con una actitud defensiva poco habitual, dejando la iniciativa al equipo local, que empezó a presionar desde el principio. En el minuto nueve, Toldi encontró la ventaja con un cabezazo tras un saque de banda de Táncos. Pero unos minutos después Maini empató en un contragolpe. La trama seguía siendo la misma: un Ferencváros proactivo y un Bologna que corría y era capaz de hacer daño a la contra. En el minuto 30 se le anuló un gol a Schiavio por supuesto juego peligroso —muy supuesto, según los periódicos italianos— y en el minuto 33 el delantero del Bologna fue derribado por Bán en el área. El árbitro señaló el punto de penalti, pero Schiavio pateó más al suelo que al balón y el portero Háda lo recogió cómodamente.

En la segunda parte, el Fradi intensificó su presión con algunas ocasiones de Sárosi y Polgár, pero sin crear gran peligro. Se elogió especialmente el papel de Fiorini, que fue capaz de eclipsar a un jugador excepcional como Sárosi. A pesar de una actuación que solo fue emocionante desde el punto de vista defensivo, el entrenador del equipo se mostró optimista: esperaban repetir las actuaciones en casa de los últimos años y llegar así a la final.

El partido de vuelta en Bologna se disputó en un ambiente caldeado, tanto desde el punto de vista humano —a pesar del verano, el público seguía siendo muy numeroso— como desde el punto de vista climático, ya que el barómetro registraba unos 40 °C. El partido fue emocionante desde los primeros minutos y el Bologna, como es tradición, se lanzó al ataque y encontró la ventaja en el minuto cuatro: Perazzolo recogió un rechace de la defensa a un disparo de Reguzzoni, y batió al portero rival. Dos minutos después, Sárosi, que se quedó solo, aprovechó un centro desde la derecha y puso el empate en el marcador. El partido fue muy disputado, con ambos equipos tratando de marcar al rival. El Fradi parecía tener más el balón y poco después estuvo a punto de doblar el marcador: a Gianni se le escapó el balón en un saque de banda y este fue recogido por un jugador húngaro y entregado a Sárosi, cuyo disparo fue detenido por una milagrosa recuperación del portero italiano. Sin embargo, el Bologna se mostró más concreto y, gracias a Maini, que supo aprovechar una confusión en el área, encontró el camino del gol. El primer tiempo terminó 2-1. Los jugadores húngaros se fueron a los

---

92   Angelo Schiavio no siempre viajaba con sus compañeros. A veces anticipaba o aplazaba su salida en función de los compromisos que cumplía para la empresa familiar Schiavio-Stoppani.

vestuarios, pero salieron un segundo después: el ambiente era mejor en el campo que en el túnel, y más de uno, agotado, se desplomó sobre el césped esperando que se reanudara el desafío.

Si la primera parte fue agradable, emocionante y reñida, en la segunda los húngaros parecían definitivamente desgastados por el tiempo y bajaron su ritmo. El Bologna tomó la iniciativa y en menos de 20 minutos legitimó su victoria gracias a Schiavio y a un doblete de Reguzzoni. Mientras el técnico húngaro Klemens hablaba de un resultado excesivo y achacaba demasiados errores defensivos, Vittorio Pozzo, desde las páginas de La Stampa, no ocultaba su satisfacción por la actuación del Bologna y señalaba con el dedo algunas actitudes antideportivas de los visitantes, en particular del delantero Toldi, calificado como "un buen jugador, si no perdiera los nervios tan a menudo y tan fácilmente". Esa victoria significaba la final, es decir, la posibilidad de repetir el éxito de dos años antes, pero esta vez con una victoria en el campo. Pero no antes de unas merecidas vacaciones en Rimini. Todo ello a cargo de de la directiva del club.

****

Poco más de un mes después se jugó la doble final. El Bologna debía enfrentarse al Admira, un equipo antitético: mientras el Bologna había demostrado una marcada aptitud para las competiciones interclubes en Europa, el Admira solo se había consolidado hasta entonces a nivel nacional. Pero en 1934, por primera vez, los vieneses parecían ser competitivos también en ese frente. En octavos de final se deshizo de un combativo AC Napoli, que se había estrenado en competiciones europeas marcando el primer gol de su historia a nivel internacional gracias a Attila Sallustro[93], uno de los muchos oriundi llegados a Italia en el período de entreguerras. Luego habían eliminado a gigantes como el Sparta y la Juventus, por lo que la doble final se presentaba muy equilibrada.

El primer enfrentamiento tuvo lugar en Viena el 5 de septiembre. Curiosamente, las dos finales se confiaron a dos silbantes ingleses, Walden y Jewell, a pesar de que la Federación Británica no participaba en el evento. La víspera del partido, los boloñeses —que habían recuperado a Sansone, pero habían llegado a Viena sin el lesionado Schiavio— habían visitado la tumba del excanciller austriaco Dollfuss. El equipo de Admira incluía a Anton Schall, el histórico y abanderado delantero vienés, que había sufrido una lesión durante el Mundial.

Ante 50 000 personas comenzó el primer tiempo. Spivach, el sustituto de Schiavio, estuvo a la altura de las expectativas, y marcó el primer gol del partido en el minuto siete. El 0-1 se mantuvo, ya que un disparo de Schall desde los 11 metros se fue desviado en el minuto 12. La falta de lucidez ante la portería del equipo local volvió a ser castigada por el Bologna, que dobló el

---

93   Sallustro nació en Paraguay, pero era de padres italianos.

marcador en el minuto 25 con una espléndida conclusión desde la distancia de Maini. El partido transcurrió en fases alternas y con demasiados encontronazos, hasta el punto de que el central Donati abandonó momentáneamente el campo por lesión. Al final de la primera parte, el Bologna ganaba merecidamente por dos goles.

La segunda parte fue una historia diferente: el Admira se lanzó al ataque y el Bologna, creyendo que podía mantener la ventaja, sufrió el embate de su rival. En el minuto 52, los vieneses dispusieron de un penalti —Sigl había sido derribado en el área— que el guardameta italiano Gianni hizo fallar al austriaco Humenberger, antes de que los locales marcaran entre los minutos 56 y 60 con Stoiber, Vogl y Schall. Fue entonces cuando los austriacos se atrincheraron en la defensa del resultado, y algunas intervenciones importantes del portero austriaco Platzer[94] impidieron que el Bologna aumentara la ventaja. Tanto el árbitro Walden como Meisl elogiaron al equipo italiano por su "fútbol de primera clase", mientras que Schiavio, ausente ese día, anunció su presencia para el partido de vuelta y se mostró optimista sobre el resultado final.

El 9 de septiembre, ante unos 30 000 espectadores, entre los que se encontraban Bruno, Vittorio y Vito Mussolini, los equipos se reunieron en el Littoriale con un tiempo abrasador. El Bologna comenzó el partido como lo había hecho en la ida, superando a su rival y con un gol anulado. Sin embargo, en el minuto 21, Maini abrió el marcador con un disparo fulminante que superó a su rival. La reacción de los vieneses produjo varios saques de esquina y en uno de ellos se pitó un penalti al existir mano en el área de Montesanto, la cual fue convertida desde el punto penal por el austriaco Vogl. Sin embargo, el Bologna remontó, y en menos de un minuto se puso por delante: servicio de Schiavio, Reguzzoni burló a dos rivales y, tras colarse en el área, batió a Platzer. El marcador estaba en 2-1 para el Bologna, con el público local enloquecido. El tercer gol fue obra del extremo izquierdo del equipo, que volvió a ser imparable para la defensa austriaca: tras superar a un centrocampista y a un defensa marcó su doblete aprovechando la salida del portero. El primer tiempo se acercaba a su fin cuando en una nueva ofensiva de los Felsinei llegó el ¡cuarto gol! Esta vez fue Fedullo, que marcaba su primer gol en la competición, con un violento disparo de derecha. Los equipos se dirigieron a los vestuarios con un Bologna que parecía confiado y renovado.

La segunda parte confirmó la sustancial superioridad del equipo rojiazul, que se incrementó más aún por la lesión del austriaco Hahnemann ocurrida en el minuto 79. A tres minutos del final el Bologna cerró definitivamente la cuenta nuevamente por intermedio de Reguzzoni gracias, en una enésima penetración por la izquierda. Reguzzoni, a quien Hugo Meisl había descrito

---

94 Desde que Hiden se trasladó a Francia en febrero de 1933, Platzer se había convertido en el titular del Wunderteam austriaco. Fue él quien defendió los goles de su selección en el Mundial de 1934.

en una ocasión como "el extremo más fuerte del continente", fue la verdadera estrella de la competición: se convirtió en el máximo goleador, con diez tantos. Por alguna razón, probablemente por la presencia de un campeón como Raimundo Orsi primero, y Gino Colaussi unos años después, en un momento en el que el extremo boloñés ya no estaba en su mejor condición, Vittorio Pozzo nunca le dio el espacio que merecía. El Bologna, sin duda el equipo italiano de mayor alcance internacional de entreguerras, era ciertamente un equipo atípico: encarnaba el mismo estilo que los mejores equipos del Danubio gracias a la impronta que había recibido desde la época de Felsner. Fue un éxito merecido que bajó el telón de un año excepcional para el fútbol italiano. Josef Gerö entregó las medallas a los jugadores, y la copa al presidente Dall'Ara. Hugo Meisl declaró tras el partido: "Ha sido una pena que el Bologna solo haya ganado 5-1. El resultado más justo habría sido 10-1". La competición también fue un éxito desde otro punto de vista, el económico: registró un total de 505 000 espectadores, 161 000 solo en Austria.

CAPÍTULO 10

1935 – RAYMOND BRAINE: MARGINADO EN AMBERES, REY EN PRAGA

Europa se estaba convirtiendo en un lugar cada vez más inseguro. El 26 de febrero de 1935, Hitler anunció la fundación de la Fuerza Aérea del Reich, la Luftwaffe[95], nombrando a Hermann Göring como comandante y desafiando abiertamente las prohibiciones del Tratado de Versalles, y luego, tres semanas después, reintrodujo el servicio militar obligatorio. Sin embargo, la Europa del fútbol parecía impermeable a las amenazas que se cernían sobre el continente.

Debido al éxito de la edición anterior, se decidió mantener el formato con partidos a partir de los octavos de final, a pesar de la oposición de Hugo Meisl. El hombre, convencido de que el certamen necesitaba una reforma, propuso en marzo de 1935 que la competición pasara de ser un torneo por eliminatorias a un campeonato europeo de clubes. Los equipos, divididos en dos grupos, jugarían el miércoles y el jueves y los dos ganadores se enfrentarían en una doble final. Pero a pesar del fuerte apoyo de algunos directivos locales, como Dyonis Schönecker, la propuesta, presentada en dos conferencias celebradas en marzo y abril de 1935 en Viena y Milán, no fue ratificada. Por lo tanto, el formato no fue cambiado. En Viena también se decidió suprimir el comité de apelación y dejar de utilizar un tribunal neutral para las eliminatorias, decisión que se retiró al mes siguiente. En la reunión de abril, que tuvo lugar en la Ambrosiana, el comité rechazó la solicitud de afiliación de la federación suiza por dificultades organizativas y prometió aceptarla a partir de 1936. En la edición de 1935 se produjo un caso similar al de Konrád en 1927: el checoslovaco Faczinek, por el que el Sparta aún no había pagado la totalidad de la ficha a Zúrich, fue desplegado en la eliminatoria que los checos ganaron contra Hungría. Dado que el delantero no era oficialmente jugador del Sparta, el comité invalidó los tres partidos. Una vez que el Zúrich recibió el dinero, el comité acordó jugar una segunda eliminatoria, que terminó 1-1. Esto dio lugar a un lanzamiento de moneda y los

---

95   En realidad, el proyecto había comenzado en secreto años antes, pero se hizo oficial el 26 de febrero de 1935.

checos pasaron. Para evitar estas situaciones, Henrik Fodor, miembro de la delegación húngara, exigió y obtuvo una renegociación de las normas relativas a la presentación de las listas de jugadores. Se acordó que los equipos podrían alinear a los jugadores contratados incluso después del inicio del torneo, siempre que se les notificara 24 horas antes del partido.

****

Si los años que siguieron a la Gran Guerra habían marcado la aparición del Sparta de Praga, o Sparta de Hierro, a principios de los años 30 el club bohemio no había conseguido tantos triunfos. Solo había ganado un título nacional, frente a los cuatro del Slavia, y no había llegado a la final de la Copa Mitropa desde 1930, cuando perdió ante el Rapid Viena. El único superviviente del equipo ganador de 1927 fue el defensa y abanderado Burgr. Káďa, el jugador más emblemático del club, había hecho las maletas. Su historia de amor con la camisa granate había acabado tan mal como podía: Sparta había demandado a Káďa y a su familia ante los tribunales exigiendo una indemnización de nada menos que 500 000 coronas ¿La razón? El año en que Káďa fue contratado por el Sparta, la madre del jugador, la Señora Peškova, había obtenido una licencia del club para gestionar una cantina en el estadio. Exactamente 21 años después, el Sparta se dio cuenta de que las condiciones de alquiler no se habían cumplido, especialmente en el último año, después de que el estadio y su interior fueran reconstruidos tras un incendio. Al final Káďa y su familia ganaron el caso y el jugador, marcado por el incidente, optó por pasar lo que le quedaba de carrera en una formación menor. Pero el afecto de sus seguidores no disminuyó: cuando Káďa volvió a Letná con sus nuevos compañeros, las entradas se agotaron inmediatamente.

Ferenc Sedláček[96], un joven entrenador y antiguo delantero del Ferencváros que ya había ganado la Mitropa en 1928, tomó el relevo de John Dick. El punto fuerte indiscutible del equipo bohemio era la línea de ataque gracias a la presencia de Oldrich Olda Nejedlý, finalista de la Copa del Mundo y máximo goleador de la misma, además del belga Raymond Braine. La hegemonía del Sparta y el Slavia en el campeonato checoslovaco, los dos principales equipos de Praga, garantizaba que el Sparta pudiera participar en la competición todos los años, y ambos equipos, al enfrentarse a rivales muy inferiores, podían permitirse el lujo de hacer descansar a sus jugadores con frecuencia para prepararse para los desafíos contra los equipos europeos más prestigiosos. La ampliación a cuatro equipos también aseguró el protagonismo europeo a otros clubes como el Kladno y el Teplicky, los dos primeros equipos checoslovacos que no eran de Praga y que llegaron a la escena continental. Pero, a pesar de la inesperada victoria del Kladno sobre la Ambrosiana el año anterior, en realidad eran dos cenicientas a años luz del Sparta y el Slavia.

---

96   En Praga se le llamaba comúnmente František.

****

El sorteo de octavos de final enfrentó al Sparta con el First Vienna, dos equipos que ya habían ganado la competición, pero que llevaban años luchando por obtener los resultados de antaño en Europa. Mientras que el campeonato checoslovaco era una carrera entre dos clubes, el campeonato austriaco era mucho más competitivo y los Döblinger tuvieron el mérito de ganar un título en 1933. En la temporada 1934/35, sin embargo, el First decepcionó: terminó tercero, a 13 puntos del Rapid. Según la mayoría, los checos eran los favoritos.

El partido de ida se disputó en Viena el 18 de junio, después de que los demás aspirantes al título salieran al campo los días anteriores. El árbitro italiano Sassi fue el encargado de dirigir el encuentro ante 7000 espectadores. La primera parte terminó con un 1-0 a favor del First Vienna, gracias al gol de Holec en el minuto 35. Antes y después de la anotación, los austriacos desperdiciaron varias ocasiones que podrían haber supuesto una mayor ventaja.

En la segunda parte, el partido se volvió más disputado y se puso más agrio en términos de competencia y disciplina. Ambos equipos sufrieron y un jugador fue expulsado de cada lado, Machu para los vieneses y Bouček para los visitantes. Nejedlý restableció la igualdad en el minuto 69 con un buen disparo lejano, antes de que a los locales se les anulara un gol por fuera de juego apenas un minuto después. Los minutos finales fueron testigo de un equilibrio sustancial, aunque el espectáculo ofrecido por ambos bandos no satisfizo al público. La frustración, sin embargo, se sintió más en el campo que en las gradas: a pesar de una actuación aparentemente impecable, el árbitro italiano estuvo a punto de ser agredido hacia el final del partido por el portero vienés.

El partido de vuelta se jugó en el Estadio Letná cuatro días después. Fischer, el delantero vienés, congeló al público de Praga a los ocho minutos. Sin embargo, gracias al apoyo del público, el Sparta comenzó a atacar y obtuvo un penalti, el cual Zajíček anotó desde los once metros. A partir de ese momento, se produjo un partido muy intenso, nervioso y reñido. Entre el final de la primera parte y el comienzo de la segunda, los equipos marcaron cuatro veces más, los checos con Braine, Nejedlý y Zajíček, de nuevo de penalti, y los austriacos con Pollack. El desafío continuó sin cesar y en el minuto 71, nuevamente, Pollack volvió a marcar, poniendo el momentáneo 4-3, esta vez de penalti. El First Vienna buscó a toda costa el gol que le hubiera llevado a la eliminatoria, pero en una reanudación del equipo local, Zajíček, que marcó un triplete, hizo el 5-3, sellando el pase del Sparta a los cuartos de final.

****

En cuartos de final, el Sparta se encontró con la Fiorentina, un equipo que debutaba en la competición y que tuvo el mérito de eliminar al mucho más experimentado Újpest, imponiendo una doble derrota a los magiares. Lajos Kovács, el exentrenador del Bologna que estuvo en Budapest para el partido de ida, elogió la actuación de los viola.

El Sparta y la Fiorentina se enfrentaron el 30 de junio en Praga en el partido de ida. El partido, arbitrado por el húngaro Ivanicsics, estuvo condicionado por un episodio en los primeros minutos: Comini, extremo derecho de la Fiorentina, tuvo que abandonar el campo por una lesión, dejando a su equipo con diez jugadores para el resto del encuentro. A partir de ese momento, el Sparta comenzó a bombardear la portería defendida por Amoretti. Varias veces Nejedlý y Braine estuvieron a punto de marcar. La Fiorentina tuvo un impulso en torno al minuto 20, con un disparo de Gringa que se perdió por poco. En el minuto 24, Faczinek, con una asistencia de Braine, cabeceó el balón que superó a Amoretti y entró en la red para marcar el 1-0. En el minuto 40, el Sparta dobló el marcador: la dinámica fue la misma que la del primer gol, pero esta vez fue Nejedlý quien superó al portero italiano antes de marcar.

La Fiorentina, en evidentes dificultades, intentó algunas salidas al contraataque y al comienzo de la segunda parte tuvo su recompensa: desde una ubicación incomoda, Gringa disparó un cañón que puso el 2-1 en el marcador. Pero el ritmo del juego seguía siendo el mismo. Ante la desventaja numérica de la Fiorentina, el Sparta recuperaba el control del juego y, fortalecido por su superioridad numérica, creaba una red de pases rasos que siempre acababa en peligro. Entre los minutos 53 y 60, Braine, Kalocsay y Faczinek pusieron el resultado en 5-1. Los tres goles fueron producto de jugadas individualidades, facilitadas por una Fiorentina debilitada y necesitada de energía. En el minuto 79, los checoslovacos marcaron el sexto tanto, y en el 85, Faczinek, servido por Nejedlý, batió al portero rival por séptima vez. Los periódicos italianos justificarían en parte la debacle de los viola señalando las diferencias entre los campeonatos italiano y checoslovaco. Afirmaban que, salvo el Slavia y el Sparta, el torneo checoslovaco estaba compuesto por equipos pequeños, y que había menos participantes y, por tanto, menos partidos. Esto beneficiaba a los mejores equipos de Praga, que podían descansar más.

Meisl dijo al final del partido: "Es demasiado, demasiado para el valor de la Fiorentina, que conozco bien. Pero el Sparta ganó bien y es poco probable que recupere la gran ventaja en Florencia el domingo".

Y de hecho no sucedió, a pesar del estallido de orgullo de una Fiorentina con un número reducido de jugadores que salió del estadio Berta —ahora el Artemio Franchi— ganando 3-1[97].

****

---

97   Viani marcó dos veces de penalti y Negro también marcó. Zajíček marcó para los checos.

En las semifinales, el Sparta se enfrentó a otro equipo italiano: la Juventus. Había un precedente entre ambos clubes, el de 1931, un duelo a muerte que terminó con el pase de los checos en la eliminatoria. Cuatro años más tarde había nueve supervivientes de aquella eliminatoria y algunos de los jugadores que participarían —Ferrari, Bertolini, Monti, Čtyřoký, Košťálek y Nejedlý— habían estado presentes en la ardiente final del Mundial del año anterior. El doble desafío prometía chispas, y chispas serían.

El partido de ida se disputó el 16 de julio en Praga, en el estadio Masaryk. El estadio había sido reformado recientemente, y años más tarde se convertiría en el Stadion Strahov, uno de los mayores estadios del mundo, con capacidad para 250 000 espectadores. Aunque el Masaryk no era tan espacioso en aquel momento, 40 000 espectadores recreaban el mismo ambiente que los bianconeri encontraban cada vez que viajaban a Praga. Antes de que comenzara el partido, las banderas de Italia y Checoslovaquia ondearon a media asta en señal de luto por la muerte del señor Edoardo Agnelli, presidente bianconero, fallecido solo dos días antes.

Bajo la presión de su propio público, el Sparta comenzó con agresividad, obligando a la Juventus a replegarse con sus laterales y jugadores interiores. En el minuto 43, una jugada individual de Braine encontró a Faczinek solo frente al portero italiano Valinasso —el sucesor del legendario Combi— y puso a su equipo por delante. En los últimos minutos de la primera parte, la Juventus atacó, pero sin éxito.

Los ataques de los bianconeri continuaron también en la segunda parte con algunas ocasiones, pero en el minuto 66 se produjo el episodio decisivo: el árbitro austriaco Beranek sancionó una falta en el área de Rosetta sobre Braine y concedió un penalti al Sparta. Zajíček transformó en la esquina derecha y Monti, tan enfadado como todos los jugadores italianos, fue expulsado por protestar. Esto significaba que la Juve tendría que afrontar más de 20 minutos con dos goles y un hombre menos. A pesar de ello, el equipo turinés intentó reducir la desventaja a la mitad, pero sin éxito. El partido de ida se saldó así con un 2-0 a favor de los checos. La víspera del partido de vuelta, Budapest acogió una reunión de la comisión en la que los delegados italianos, amparándose en lo dudoso de la sanción concedida al Sparta —decisión que había dejado perplejos incluso a los periódicos de Praga—, intentaron obtener la anulación de la descalificación impuesta a Monti. Contra todo pronóstico, su recurso fue admitido y los bianconeri no tuvieron que revolucionar sus planes tácticos.

La previa del partido en Turín también estuvo dedicada a la memoria de Edoardo Agnelli: los jugadores de la Juventus jugaron con un brazalete negro, sinónimo de luto en el brazo, y el capitán checoslovaco llevó una corona de flores a la tribuna.

La Juventus se adelantó inmediatamente: Prendato, que había debutado con la Juventus en el partido de ida, recogió un centro de Cesarini y marcó. La Juventus continuó sus ataques y en el minuto 28, Borel, tras colarse por el aire, fue zancadilleado por un defensa. "¡Penal!", gritaron desde las gradas,

pero el árbitro Ivanicsics hizo señas para que el juego continuara y sonó el silbato. La Vecchia Signora terminó la primera parte con el control total del partido y una ventaja mínima en el marcador.

La segunda parte comenzó con la misma tónica que la primera, y Borel, imparable ese día, completó un intercambio de tres con Monti y Ferrari, escurriéndose entre varios contrarios y metiendo el balón en la red. Este gol significó la paridad absoluta en el marcador global con todavía más de media hora de juego por disputar. Sin embargo, apenas cinco minutos después, los checos aprovecharon su única ocasión y, gracias a Nejedlý, descontaron en el marcador. Aturdida, la Juventus empezó a sucumbir a las repetidas acciones de su rival y estuvo a punto de ceder el segundo gol en más de una ocasión. Luego, en el minuto 84, los bianconeri tuvieron una gran oportunidad: Cesarini remató a un poste y Borel fue derribado de nuevo a bocajarro. También esta vez el penalti parecía evidente, y también esta vez el árbitro lo pasó por alto en medio de la ira del público. Pocos minutos después, increíblemente, iba a conceder un penalti que fue definido como inexistente por los periódicos deportivos de toda Europa. Pero todo fue en vano: Monti pateó al portero desaprovechando una clara oportunidad de aumentar la diferencia. Cuando el público estaba a punto de marcharse, la Juve montó su última ofensiva. El disparo de Monti desde lejos dio en el poste, y Borel, situado cerca de la portería, cabeceó el balón a la red decretando el 3-1 final. Una vez más, como en 1931, el Juventus-Sparta se decidiría en una eliminatoria, para la cual los jugadores tuvieron que posponer sus vacaciones de verano.

El partido decisivo se jugó a las 18:00 horas del 28 de julio en un campo neutral: el Nordstern de Basilea. El Sparta comenzó con el viento a favor, y enseguida impuso una clara supremacía que se tradujo en un par de ocasiones salvadas por el portero Valinasso, que nada pudo hacer cuando Nejedlý, tras una iniciativa personal, apareció ante la portería y marcó. El partido se animó hacia el final de la primera parte: Cesarini remató al poste en el minuto 35, antes de que el Sparta doblara y triplicara su cuenta en el espacio de dos minutos. Kalocsay hizo el 2-0 con un disparo aparentemente inocuo que, sin embargo, fue desviado por Monti y pilló desprevenido a Valinasso. El tercer gol llegó de la mano de Braine con un disparo imparable.

En la segunda parte, la Juventus reaccionó, primero Cesarini y luego Borel pusieron en aprietos al gigantesco portero checoslovaco Klenovec, quien no pudo hacer nada ante el penalti de Foni en el minuto 72. Tras el destello futbolístico de la Juve, el Sparta siguió dominando y entre los minutos 83 y 85 volvió a marcar con Braine, que hizo un gol espectacular, y Kalocsay. El marcador en 5-1 y el Sparta estaba en la final.

Al final del partido, Valinasso señaló a Braine como el jugador más fuerte que había visto nunca, y el árbitro inglés Fogg opinó que ningún equipo británico tenía un delantero de ese nivel.

****

En la final, Sedláček y su equipo se encontraron con el Ferencváros, el equipo con el que el entrenador checoslovaco había ganado el torneo de 1928 como delantero. Fradi y Sparta habían sido los dos primeros equipos en levantar el trofeo, pero a lo largo de los años no habían podido volver a hacerlo. Los húngaros eliminaron a un irreconocible Austria Viena en las semifinales: Matthias Sindelar había dado una de las peores actuaciones de los últimos años, y el capitán Nausch, desplegado en la inusual posición de delantero centro debido a la ausencia de un compañero, no había estado a la altura.

El partido de ida se celebró el 8 de septiembre en la capital húngara. El comienzo, bajo la dirección del inglés Walden, se caracterizó por las fuertes rachas de viento y estuvo en manos del Fradi, que marcó a través de Toldi —excompañero de Sedláček— quien, según los checoslovacos, había tocado el balón con la mano después de que Kiss doblara la diferencia en el marcador gracias a una asistencia de Sárosi. En el minuto 69, Braine, en un tiro libre desde el borde del área, redujo la distancia y mantuvo vivas las esperanzas de su equipo. Los checos jugaron los últimos siete minutos del partido con un hombre más por la lesión de Sárosi, pero no pudieron empatar.

Meisl, Fischer y el juez de línea, el holandés Boas, se expresaron en la misma línea: si en la primera parte el Fradi había dominado el desafío, en la segunda, debido a la baja de los centrocampistas, los húngaros se vieron en dificultades y sufrieron los ataques de sus rivales. Los húngaros criticaron las decisiones de Walden. Este, por su parte, había criticado las condiciones del terreno de juego, ya que se había torcido el tobillo durante el partido. El 2-1 dejaba la puerta abierta: la historia de la competición Mitropa demostraba que el factor campo jugaba un papel importante, sobre todo porque los húngaros habían perdido todos sus partidos fuera de casa en esa edición, incluso contra equipos menos conocidos como el Roma y el Zidenice.

La víspera del partido de vuelta se vivió con un toque de aprensión entre las filas del Ferencváros: Sárosi había abandonado el campo durante los últimos minutos del partido de Budapest y, por tanto, estaba en duda, pero finalmente aparecería en el campo con regularidad.

Ante 56 000 espectadores, los equipos saltaron al campo bajo las órdenes del árbitro Fogg. El Fradi mantuvo un dominio estéril en los primeros 20 minutos, en los que solo tuvo una ocasión con Toldi, que chutó fuera por poco. En seguida, en el minuto 26, el Sparta se adelantó gracias a un magnífico disparo desde fuera del área de Faczinek. En el minuto 33, una impresionante carrera en solitario de 30 metros de Braine redondeó el resultado.

En la segunda parte, el Fradi estuvo a punto de marcar en varias ocasiones, pero sin éxito. Fue el Sparta quien volvió a marcar, de nuevo por medio de Braine, cuyo disparo, desviado por el defensa húngaro Korányi, descolocó al portero magiar. El partido terminó 3-0, y Burgr, el capitán checoslovaco, levantó la segunda Copa Mitropa de la historia del Sparta, un honor que solo compartía en ese entonces con el Bologna. Los húngaros, por su parte, lamentaron varias ocasiones desperdiciadas por sus delanteros y un gol, el último, que encajaron de forma atrevida en un momento en el que ejercían

una gran presión. Sedláček se convirtió, después de Blum, en el segundo —y más tarde en el último— entrenador en ganar la competición como jugador y como entrenador.

Los periódicos de toda Europa coincidieron en un hecho: la estrella absoluta de aquella edición fue Braine, a quien La Gazzetta dello Sport describió al día siguiente de la final como "un delantero de inagotable vitalidad, más malabarista que un chino". Comentarios como este atestiguan que, aunque pasó a la historia como un gran goleador, Braine era en realidad mucho más que eso, un delantero extremadamente técnico y fino, capaz de hacer malabarismos en todo el frente de ataque. En la misma línea, Jean-Norbert Fraiponts, uno de los principales historiadores del fútbol belga, diría de él muchos años después: "Sabía hacer de todo, tanto de jugar como de rematar. Fue el Di Stéfano de la preguerra y el mejor delantero que tuvo Bélgica. Probablemente no fue una coincidencia que Braine, unos tres años después, capitanease la selección del Resto de Europa en un amistoso contra Inglaterra".

CAPÍTULO 11

1936 - AUSTRIA VIENA, EUROPA EN EL ADN

El 20 de julio de 1935, mientras las semifinales estaban en pleno desarrollo, el comité se reunió en Budapest. Se tomaron varias decisiones para garantizar una mayor seguridad y un mejor mantenimiento de los campos de juego: más de un club, especialmente los italianos, se habían quejado en años anteriores de la falta de barreras en los estadios de Praga, y del hecho de que algunos campos de juego no tenían césped. Se confirmó la participación de los equipos suizos, aunque su presencia estaba condicionada a la superación de una ronda preliminar. En una segunda reunión celebrada el 10 de abril de 1936, unos meses antes del comienzo de la nueva competición Mitropa, se decidieron los emparejamientos: los cuatro equipos suizos se enfrentarían a los cuartos clasificados de Checoslovaquia y Hungría, y a los ganadores de las Copas de Italia y Austria. Los periódicos suizos tenían algunas objeciones: afirmaban que merecían el mismo trato que las demás federaciones y que Suiza —no solo en el ámbito deportivo— solo era consultada cuando era conveniente, como cuando había que organizar finales y eliminatorias en terrenos neutrales[98]. En cualquier caso, los cuatro equipos suizos fueron eliminados en la fase previa. A propuesta de Italia, también se consideró la participación de los equipos rumanos y yugoslavos. La decisión, que en un principio se aplazó hasta una fecha posterior, se tomó en los meses siguientes: a partir de 1937, Yugoslavia y Rumanía podrían participar inscribiendo a su campeón nacional.

****

El Austria Viena, y el fútbol austriaco en general, no navegaban por las aguas más claras. Desde 1933, año de la victoria de los Violetas en la Copa Mitropa, los equipos vieneses se habían quedado sin haber disputado una final internacional, y los hombres de Meisl —que no solo era miembro del

---

98   Sin embargo, hay que recordar que fue Suiza la que solicitó acoger la final de 1931 entre el First Viénna y el WAC.

comité de la Mitropa, sino también entrenador de la selección nacional—habían perdido tanto la Copa del Mundo como la Copa Internacional frente a la Italia de Vittorio Pozzo[99]. Todo el movimiento futbolístico vienés estaba experimentando una profunda renovación que no miraba a nadie a la cara, ni siquiera a una leyenda como Matthias Sindelar. Meisl había empezado a reducir el uso de Sindelar en favor de su principal protegido, el emergente Josef Bican, que conformaba un ataque joven con enormes perspectivas, junto con la estrella del Rapid Viena Binder, Gitano Hahnemann[100], Matthias Kaburek y el más veterano Karl Zischek[101], un extremo derecho que había participado en la Copa del Mundo.

A diferencia de la selección nacional, el liderazgo de Sindelar en el Austria Viena se mantuvo intacto e indiscutible. El club, que se había clasificado de nuevo para la Mitropa gracias a la victoria en la Copa de Austria, derrotó al Grasshoppers —entrenado por el austriaco Rappan[102]— en la ronda preliminar. Rappan y su equipo habían tenido una negativa experiencia: de camino a Austria para la primera etapa de la competición, el tren París-Viena se había descarrilado. Por suerte para ellos, ningún jugador resultó herido.

Jenő Konrád, que había sustituido a Josef Blum el año anterior, asumió el cargo de entrenador del Austria Viena. Konrád había comenzado su carrera de entrenador en el club Favoriten[103] tras colgar las botas. Durante los años siguientes viajó por Europa, entrenando en Rumanía, Alemania y Checoslovaquia, antes de regresar a Viena. Además de Sindelar y el capitán Nausch, el Austria Wien (Viena o Vienna) había conservado a jugadores ganadores de la Copa de 1933, como Stroh, Mock, Viertl y el ya maduro Jerusalem, así

---

99   Italia también venció a Austria en la final de los Juegos Olímpicos de Berlín. Sin embargo, el fútbol olímpico era una historia diferente: solo participaban jugadores con estatus amateur, por lo que Hogan, entonces entrenador de la selección nacional austriaca, acudió a Alemania con una alineación de jugadores desconocidos. Pozzo había utilizado una estratagema: había aprovechado las inscripciones en colegios y universidades para convocar a algunos jugadores ya establecidos en niveles altos.

100   Hahnemann nació en Viena y era de padres vieneses, pero sus compañeros y aficionados le llamaban Gitano *por* sus rasgos oscuros.

101   Aunque Zischek era uno de los mejores extremos del mundo en aquella época, nunca jugó en la Mitropa. Esto se debió a que su club, el Sportclub Wacker, nunca se clasificó.

102   Rappan, que había sido futbolista años antes y había jugado algunos partidos de la selección nacional con algunos de los jugadores del Austria Viena, es ampliamente considerado como el inventor del catenaccio, aunque hay muchos que refutan esta opinión, afirmando que *Le Verrou*, su forma de jugar, es en realidad un precursor del 4-2-4.

103   Favoriten es el décimo distrito de la capital austriaca, donde el Austria Viena juega sus partidos en casa.

como a recién llegados como el portero Zöhrer y el sólido defensa nacional (internacional) Karl Sesta, finalista con el WAC en la versión de la Copa Mitropa efectuada en el año 1931.

****

El partido no era nada bueno: como ganadores de la Copa de Austria, los Violetas tenían que enfrentarse al Bologna, el nuevo campeón de Italia y el único equipo, junto con el Sparta, que había ganado el trofeo dos veces. En el banquillo italiano estaba Árpád Weisz, una institución en el fútbol italiano a la que se atribuye la explosión y maduración de Giuseppe Meazza, y que, tres años antes, como entrenador de la Ambrosiana, se había enfrentado a Sindelar y sus compañeros en una doble final llena de polémica. Esta vez, sin embargo, las probabilidades estaban a su favor.

El primer partido, disputado en la inexpugnable fortaleza de Bologna ante 20 000 espectadores, se jugó con el típico clima veraniego que había caracterizado los partidos de años anteriores en la ciudad: 44 °C que no disuadieron a los aficionados italianos de acudir al estadio. El Bologna comenzó con agresividad y casi inmediatamente encontró el camino del gol con un preciso cabezazo de Maini, antes de que Schiavio, tras una acción personal de Reguzzoni, redondeara el marcador a favor de los italianos en el minuto 22.

En la segunda parte, Austria, que había parecido floja en el primer tiempo, aumentó sus esfuerzos e incrementó sus oportunidades de cara al arco contrario: Sindelar se abrió paso entre la defensa rojiazul y cuando iba a disparar fue derribado. Viertl convirtió el penalti y acortó la distancia. Quedaban 23 minutos, pero los intentos de los austriacos por emparejar el marcador fueron en vano. A pesar de la victoria del Bologna, Vittorio Pozzo argumentó tras el partido que una ventaja de un gol contra un equipo como el Austria no era nada y que el Hombre de Papel y sus compañeros eran favoritos para el partido de vuelta. El Sport-Tagblatt no compartía esta opinión, y escribió una columna en la que ensalzaba la clase del equipo italiano y expresaba su preocupación por el desafío de Viena.

Si el Austria Viena confirmaba la misma formación, el Bologna llegaba al partido sin Schiavio y con dos signos de interrogación: la presencia de Fiorini y de Corsi estaba en duda, ya que volvían de una lesión. De los dos, solo Fiorini estaría en el partido. El ambiente en el Prater no fue muy diferente al de Bologna: 32 000 espectadores llenaron las gradas convencidos de una posible remontada.

A los pocos minutos, los austriacos se pusieron por delante, y en el séptimo, Sindelar estrelló un balón en el larguero desde lejos. En el minuto once, Jerusalem marcó con un tiro libre desde el borde del área. Pasaron unos minutos y la situación se repitió: Jerusalem ganó y pateó otro tiro libre desde el borde, pero esta vez el travesaño le dijo no. Con el marcador global perfectamente igualado, fueron los locales los que buscaron con más insistencia la ventaja, aprovechando el estado de gracia del Hombre de Papel. En el minuto 30, Stroh transformó en gol una jugada de saque de esquina para

poner el 2-0 a favor de los vieneses, antes de que, entre el final de la primera parte y el comienzo de la segunda, Zöhrer negara repetidamente la alegría del gol a los delanteros del Bologna. Entre el minuto 88 y 90, Sindelar y Jerusalem introdujeron otros dos balones fáciles en la red y el 4-0 final dejó poco espacio para la discusión.

****

Una semana después del partido contra el Bologna, el Prater volvió a llenarse para acoger el partido de ida de los cuartos de final entre Austria y el Slavia, un equipo que no podía contar con los delanteros Svoboda, Sobotka y Puč, todos ellos lesionados al final de la temporada.

La primera parte terminó con un decepcionante 0-0, mientras el público, que abucheaba, se resignaba a un marcador insatisfactorio ante Praga. La mayor emoción fue una espectacular parada acrobática de Plánička a un disparo de Matthias Sindelar en el minuto 16, antes de que Zöhrer impidiera el gol de un delantero checoslovaco.

La presión de los austriacos aumentó en la segunda parte: Karl Sesta pasó a primer plano y, gracias a la actitud reticente del Slavia, ahora empeñado en defender el empate, adelantó su posición y se convirtió en un centrocampista más. Austria se adelantó en el minuto 61, cuando Riegler aprovechó una combinación perfecta entre Sindelar y Stroh. Siete minutos más tarde, Jerusalem pateó débilmente hacia la portería, pero afortunadamente para él, el balón encontró a Stroh, quien una vez más puso el balón en el fondo de la red. El Slavia incrementó sus ataques y le fueron negados dos goles, ambos por fuera de juego, por parte de Vytlačil y Vacek, el jugador más joven de la competición —con solo 16 años en ese momento—. El gol del 3-0 para los austriacos lo marcó Jerusalem con una asistencia de Sindelar.

El partido de vuelta, arbitrado por el italiano Scorzoni, se disputó en el típico ambiente praguense: un numeroso público, a pesar de la lluvia, apoyó al Slavia ininterrumpidamente durante los 90 minutos. Desde el comienzo del partido, el guion fue el opuesto al de la ida, con el Slavia atacando y Austria atrincherada atrás. Bradáč, el mejor jugador de los checoslovacos, estuvo a punto de marcar varias veces, pero Zöhrer pudo oponerse en más de una ocasión. En el minuto 67, el delantero consiguió al menos el punto de honor: Vytlačil se fue por la banda, centró y Zöhrer, que primero había desviado el balón en su salida y luego se opuso al disparo de Kopecký, no pudo hacer nada ante el rechace del delantero bohemio. Pero esa anotación no fue suficiente para el Slavia: el Austria Viena se enfrentaría al Újpest en las semifinales.

****

El Újpest era un conocido reciente de los austriacos, ya que ambos clubes se habían enfrentado dos años antes. En aquella ocasión, los húngaros se clasificaron para los octavos de final después de un acalorado encuentro a doble partido: en la ida se pitaron cuatro penaltis, algunos de ellos muy discutidos, y hacia el final del partido, el austriaco Viertl y el defensa húngaro Seres fueron expulsados por pelearse. Al parecer, el viaje a Budapest contó con la participación de varios aficionados austriacos que aprovecharon una promoción de Schenker & Co. La empresa de transportes vienesa se ofreció a acompañar a los partidarios de Austria Viena a la capital húngara por solo 25 chelines.

El Újpest comenzó atacando y se adelantó por medio de Kállai en el minuto cinco. Los húngaros siguieron atacando, pero los austriacos, gracias una vez más a su portero, lograron resistir. El miedo se apoderó de los aficionados y de los jugadores austriacos cuando, hacia el final de la primera parte, Zöhrer, que chocó con Sesta, se lesionó durante unos minutos. El árbitro Barlassina dio la señal de continuar después de que el portero austriaco recibiera tratamiento del Dr. Schwarz, presidente y médico del club. Cuando salía del campo, Schwarz fue agredido por el delantero húngaro Géza Kocsis, que estaba convencido de que el presidente del equipo contrario quería perder unos minutos. Sesta salió en defensa de Schwarz, y la policía, que había intervenido en el terreno de juego tras una invasión de los hinchas húngaros, consiguió disolver el tumulto.

En la segunda parte, Sindelar y sus compañeros reaccionaron y no solo encontraron el empate gracias a Stroh[104], sino también el gol de la victoria con Viertl a diez minutos del final, a pesar de que los húngaros se quejaron de un toque antes de que el delantero volara hacia la portería contraria. Ferenc Langfelder, presidente del Újpest, señaló la falta de concreción de sus delanteros, especialmente a Pusztai, que, según él, fue culpable de patear un balón fácil a las manos de Zöhrer. Nausch, capitán de los austriacos, dijo que, en su opinión, la vuelta estaba abierta a cualquier resultado. Barlassina también habló al final del partido; señaló la mala suerte de los húngaros en la primera parte, y justificó su decisión de validar el segundo gol austriaco alegando que el toque de los vieneses fue involuntario.

Bajo las órdenes del árbitro checoslovaco Krist, y ante una gran multitud, se jugó el partido de vuelta. Unos 50 000 aficionados austriacos llenaron las gradas del Prater, confiados en un resultado exitoso. Sin embargo, poco después que el delantero austriaco Stroh hubiera golpeado el poste, la estrella emergente del fútbol húngaro Gyula Zsengellér abrió el marcador en jugada individual. Luego fue Camilo Jerusalem el que se hizo notar con un tiro libre que pegó en el travesaño, anotando después el gol de empate.

La segunda parte comenzó de nuevo sin un claro dominante. El Újpest aprovechó otra ocasión de Zsengellér y se puso adelante con un 2-1 antes de que el Austria se hiciera con el control del partido: Sindelar igualó el marcador en el minuto 52 con un gol en solitario y luego, tras un violento

---

104   Algunos informes de la época atribuyeron el gol a un autogol del portero húngaro Hóri: el disparo de Stroh dio en el poste y luego, tras ser desviado a la cabeza del portero, acabó en la portería.

choque entre Zsengellér y Zöhrer, Jerusalem marcaría el inalcanzable tercer gol mientras la cuarta anotación sería otra vez obra de Sindelar —uno de sus conocidos y espléndidos goles de larga distancia— en el minuto 56, y la quinta de Stroh 13 minutos más tarde, para el definitivo 5-2. Los austriacos se fueron de vacaciones con mucho ánimo, sabiendo que en septiembre les esperaba otra cita con la historia.

****

En la final, Austria se encontró con el vigente campeón, el Sparta, un equipo que había vuelto a consolidarse como uno de los más fuertes del continente, gracias sobre todo a su ataque: Braine, Nejedlý, Zajíček y Faczinek habían marcado un total de 17 goles. Sport-Tagblatt afirmó que el partido entre Austria y el Sparta representaba la crème de la crème del fútbol europeo: Sindelar y Braine fueron mencionados como los delanteros más fuertes del continente, mientras que Mock y Bouček fueron considerados los mejores mediocentros. Bouček, entrevistado por los periodistas austriacos nada más llegar el Sparta a Viena para el partido de ida, respondió a una pregunta sobre Sindelar: "Es un gran jugador por el que siento un gran respeto. La última vez que jugué con él lo hizo muy bien en la primera parte, pero luego se apagó en la segunda. Me pregunto si esta vez podrá aguantar todo el partido".

Cuando el árbitro italiano Scarpi hizo sonar su silbato ante los 42 000 espectadores que llenaban las gradas, se daba comienzo a un partido muy disputado. Los principales jugadores de cada cuadro, Sindelar y Braine, no desentonaron de su protagonismo.

La primera ocasión llegó en los pies del belga que, tras una escapada individual, fue detenida en el último momento por Nausch. Entonces apareció Austria y con ella el Hombre de Papel: el delantero centro austriaco y Adamek estuvieron a punto de marcar tres veces, pero, en parte debido a la mala suerte —Sindelar se estrelló contra un poste— y en parte debido a la habilidad del imponente portero bohemio, la primera parte terminó en empate.

En la segunda parte parecía que llegaría el primer gol del capitán checoslovaco Jaroslav Burgr, un jugador que participaría en todas las ediciones de la Mitropa de la historia y que tuvo la oportunidad de coronar una maravillosa carrera europea con un gol en la final. Sin embargo, su doble disparo se estrelló en el poste izquierdo en ambas ocasiones. En los últimos minutos, el guardameta del Sparta, Klenovec, volvió a salir a escena con buenas intervenciones. El 0-0 final parecía favorecer a los checos. Austria, aunque insatisfecha con el resultado, se alegró de la generosa recaudación de 200 000 chelines, 11 000 de los cuales fueron a parar al First Vienna, que había renunciado a su partido de liga de ese día para permitir la celebración de la final.

Exactamente una semana después se jugó el partido decisivo. Los 60 000 espectadores del estadio Masaryk eran tan numerosos que la policía tuvo que intervenir para hacerlos retroceder unos pasos, ya que de lo contrario no se podrían sacar los córneres y los saques de banda. A pesar de las expectativas, el Austria tuvo el control del campo en la primera parte, pero varias oportunidades creadas por Sindelar y sus compañeros fueron frustradas por la defensa bohemia.

La segunda parte comenzó con los austriacos mostrando más ritmo y marcando en el minuto 56 por medio de Stroh, pero el gol fue anulado por fuera de juego. En el minuto 67, Riegler se escapó por la banda, centró y Jerusalem cabeceó un despeje corto del portero. Antes del asedio final del Sparta, Stroh desperdició otra buena ocasión en el minuto 83. El pitido final del árbitro Barlassina señaló la victoria de Austria, que pudo levantar la segunda Mitropa de su historia, récord que compartía con el Bologna y el Sparta. Tanto Meisl como Pelikan —su homólogo checoslovaco— coincidieron en la legitimidad del resultado.

La victoria de Austria fue una confirmación más de una curiosa tendencia que perduraría hasta hoy: la tendencia de ciertos equipos a brillar más en las copas y menos en la liga. El Austria Viena era el caso: salvo en una ocasión, en 1934, el club siempre había terminado en la Mitropa gracias a la victoria en la Copa de Austria, y al final de campeonatos bastante discretos solían terminar en la mitad de la tabla.

Aquella, en cualquier caso, fue la clásica victoria de un equipo, el éxito de un grupo fuerte y cohesionado que, dirigido por unos líderes que ya habían sido campeones tres años antes, había insertado en su engranaje a elementos jóvenes de indiscutible valor.

CAPÍTULO 12

1937 –BRILLA LA ESTRELLA DEL DR. SÁROSI

La Copa de 1937 fue la primera en la que no participó Hugo Meisl. El santo del fútbol europeo había fallecido un mes y medio antes de un ataque al corazón. Meisl no gozaba de la mejor salud desde hacía años, por lo que en 1929 se tomó una licencia de Viena y del fútbol para recuperarse. A lo largo de los años nunca había conseguido separarse de dos vicios: el tabaco y el café. Ese día, el 17 de febrero de 1937, estaba tan ocupado como siempre: había citado a Richard Fischer, un joven futbolista del First Vienna, para interrogarle sobre su edad. Quería llegar al fondo del asunto, ya que el entrenador del First le había dicho tres años seguidos que Fischer tenía 17 años. Mientras charlaban, Meisl se sintió mal, salió y un segundo después se cayó sobre el escritorio. Fischer corrió en busca de ayuda, pero desgraciadamente Emanuel Schwarz, médico y presidente del Austria Viena, llegó unos minutos después y solo pudo comprobar la causa de la muerte.

Las condolencias llegaron de todas partes: Richard Eberstaller, presidente de la federación austriaca, destacó los méritos deportivos y diplomáticos de Meisl en la configuración del mundo del fútbol, mientras que Jules Rimet, con quien Meisl había colaborado en la organización de la Copa del Mundo, se desplazó al funeral el mismo día. Los periódicos de toda Europa rindieron homenaje a Meisl: el Excelsior de París despidió al "Napoleón del fútbol austriaco" y La Gazzetta dello Sport describió a Meisl como "el Mago del fútbol austriaco y un camarada que hizo todo lo posible para favorecer los intereses del fútbol italiano". Todas las publicaciones deportivas europeas de la época, incluidas Prager Presse y Nemzeti Sport, siguieron su ejemplo. La federación húngara propuso cambiar el nombre de la competición por el de Copa Meisl, idea que se abandonó posteriormente. Desde Alemania, todo fue silencio: Kicker, la principal revista deportiva del Tercer Reich, fue la única que informó de la noticia unos días más tarde, pero lo hizo en forma de una escasa reseña en la que solo se especificaba que el funeral se había celebrado y que habían asistido algunas personalidades del deporte. No había ni una sola línea sobre los logros deportivos y diplomáticos de Hugo Meisl, ni sobre la causa de su muerte. Pero lo más sorprendente fue el hecho de que la columna la escribiera Max Leuthe,

uno de los mejores amigos de Hugo Meisl en su juventud, un periodista con el que el entrenador hablaba a menudo de fútbol en el Café Ring y otros cafés de la capital[105].

Para la edición de 1937, el comité decidió admitir a los ganadores de los campeonatos de Rumanía y Yugoslavia, al tiempo que confirmaba la participación de los equipos suizos. La federación suiza podría ahora presentar a sus dos mejores equipos sin tener que pasar por una ronda preliminar. Las cuatro federaciones "históricas" renunciaron a un equipo cada una: Austria, Hungría, Checoslovaquia e Italia solo tenían tres equipos inscritos, uno menos que el año anterior. Una semana antes del comienzo del evento, se celebró en París el Torneo Internacional de la Exposition Universelle: el Bologna ganó el tercer título internacional de su historia tras eliminar en orden al Sochaux, al Slavia de Praga y al Chelsea.

****

Hungría y sus equipos han pagado el precio del boom del fútbol italiano incluso más que Austria. La selección nacional no había ganado ningún trofeo y los equipos húngaros no habían tenido éxito en la Copa Mitropa desde 1929, cuando ganó el Újpest. El único equipo que había logrado mantener la bandera en alto era el Fradi, que había estado a punto de triunfar dos años antes, pero que fue derrotado en la final. Un gran problema: el Mundial estaba a la vuelta de la esquina y para Alfréd Schaffer[106], entrenador de la selección nacional y otra leyenda del fútbol austriaco y húngaro, las señales no eran las más reconfortantes, a pesar de algunos talentos surgidos a nivel nacional y europeo que daban esperanzas. Gyula Zsengellér, estrella del Újpest, y sobre todo György Sárosi, ya en su mejor momento y consagrado definitivamente como líder indiscutible del Ferencváros, eran sin duda las estrellas más brillantes del firmamento futbolístico magiar. Nacido como center-half, Gyurka, apodo que le pusieron los aficionados, empezó a ocupar la posición de delantero de forma permanente, aunque a veces, según las necesidades

---

105   Los dos habían sido compañeros en el *Neues Wiener Sportblatt* y luego tomaron caminos distintos: Hugo Meisl empezó a dedicarse principalmente al banquillo y a sus compromisos con la federación, mientras que Leuthe amplió sus colaboraciones en el periodismo. Una de ellas fue *Kikeriki*, una revista abiertamente antisemita que fue prohibida en 1934 por el gobierno de Dollfuss por ser partidaria del movimiento de Adolf Hitler y del *Anschluss*. Al parecer, Leuthe, que en un principio se mantuvo al margen de ciertas posiciones políticas, se adhirió a la causa nacionalsocialista unos años más tarde. Se dice que en 1938 obtuvo un carné de miembro del partido, alegando que había formado parte del movimiento durante años, incluso en una época en la que era formalmente ilegal.

106   Schaffer era considerado en Viena y Budapest como un jugador estrella como ningún otro. Había sido compañero de equipo de un joven Matthias Sindelar en el Austria Viena y era conocido por su carácter exuberante y sus constantes exigencias económicas.

de su entrenador y su flexibilidad, se desplegaba en apoyo del delantero o volvía a su posición original. En otras palabras, era el equivalente magiar del belga Raymond Braine, aunque más alto y fuerte. Otra de sus cualidades destacadas era su sentido del gol: fue el máximo goleador del campeonato húngaro, de la Copa Internacional y de la Copa Mitropa de 1935.

La dirección del Fradi había cambiado de manos en los últimos años. Después de la era Blum, que terminó a principios de 1937, el banquillo había sido confiado primero a Sándor Bródy, pero solo durante un partido, debido a una enfermedad que afectó al antiguo centrocampista, y después a József Sándor, que iniciaría la andadura europea del Fradi ese año.

****

El Ferencváros, que se enfrentaba al Slavia en octavos de final, había partido hacia Checoslovaquia unos días antes de lo habitual. El grupo, formado por 13 jugadores, el entrenador y dos miembros del personal, no había dado ninguna información sobre el lugar donde se alojaría. Nadie lo sabía. Ni los periodistas ni los opositores lo sabían. El entrenador y el presidente habían decidido preparar el partido con total tranquilidad y por eso los verdiblancos[107] se alojaron en un pequeño pueblo de campo no muy lejos de Praga, Jiloviště, en el Hotel Hubertus, donde pudieron descansar y preparar el partido. Había un gran deseo de revancha en el campo del Fradi: los húngaros habían perdido el título nacional en el último suspiro contra el MTK.

Llegó el día del partido y en los primeros compases el Slavia tomó las riendas del desafío: creó varias ocasiones que fueron desbaratadas por el portero húngaro Háda, quien, sin embargo, tuvo que capitular a la media hora tras el gol de Sobotka. El gol no desmotivó al Fradi, que junto a Sárosi, que no había estado en plena forma hasta ese momento, marcó el 1-1 gracias a una acción personal.

La segunda parte comenzó con un Ferencváros ofensivo que golpeó dos palos con Toldi y Táncos, y luego, en el minuto 65, el propio Toldi recogió los frutos del dominio húngaro para poner a su equipo por delante. Solo entonces el Slavia se agitó y en uno de los últimos ataques marcó el empate por medio de Vytlačil.

Los comentarios posteriores al partido fueron unánimes: los periódicos de Praga reconocieron la superioridad de los húngaros y su entrenador expresó: "Los goles que no hemos marcado hoy los hemos guardado para el partido de vuelta en Budapest. ¿Por qué Sárosi y Toldi no consiguieron marcar más goles? Tal vez por lo que dijo Kutasi[108], estábamos demasiado relajados después de pasar maravillosos días de sol en la naturaleza y descansar en hermosas camas con dosel". Pelikan habló de un partido muy disputado,

---

107   En aquellos años, los periódicos húngaros se referían a menudo a Ferencváros como "Sárosi y familia", queriendo decir Sárosi y sus compañeros.

108   Kutasi era el portero suplente del Ferencváros.

elogiando a los defensores húngaros y señalando también la mala racha goleadora de los delanteros del Fradi. Para preparar la vuelta, que debía celebrarse exactamente dos semanas después, Ferencváros adoptó la misma estrategia que en la ida: se aisló en Budakeszi, una pequeña ciudad cercana a Budapest, lejos de todo y de todos[109].

La vuelta tuvo lugar el 27 de junio. El Slavia, ahora en inferioridad de condiciones debido al resultado en casa, había recuperado a su delantero Antonin Puč. Bajo las órdenes del austriaco Miesz comenzó el partido y el Ferencváros desaprovechó varias oportunidades en los primeros minutos. Luego encontraron el gol en el minuto 32 gracias a un cabezazo de Toldi tras una asistencia de Kiss. La escasa ventaja no dejó tranquilos a los húngaros: durante el descanso, los jugadores, el entrenador y el presidente —y fundador— Springer discutieron animadamente sobre cómo afrontar la segunda parte. Sárosi, que había tenido problemas en la primera parte, pidió un cambio de posición.

Los verdiblancos volvieron al campo con más energía que nunca, doblando su ventaja con Sárosi —otro cabezazo a pocos pasos—, y marcando el tercer gol en el minuto 65 con Toldi, antes de que un disparo de Puč se desviara en la espalda de Tátrai para poner el definitivo 3-1 a falta de un minuto.

El propio Toldi comentó la victoria y el pase a la siguiente ronda: "Estuvimos tiesos en la primera parte, luego en la segunda nos soltamos y ganamos merecidamente". Le secundó el defensa checoslovaco Daučik[110], quien argumentó que Fradi lo merecía gracias a un mejor ataque.

****

En cuartos de final se enfrentaron el Ferencváros y el First Vienna, que había entrado en una espiral descendente en los últimos años. Se clasificaron para los cuartos tras un reñido enfrentamiento con el Young Boys suizo que se prolongó hasta la repesca. A pesar de ello, los Döblinger contaban con un equipo probado que llevaba años jugando juntos. Había cuatro jugado-

---

109   Los retiros de Ferencváros al campo se convertirían en una rutina a lo largo de la competición.

110   Apodado Nandi o Gandhi, Daučik iba a tener una vida y una carrera intensas en años posteriores. Durante los años de la guerra se unió a la resistencia antialemana y, en los años posteriores a la Segunda Guerra Mundial, escapó a Italia tras ser objetivo de los comunistas. En los alrededores de Cinecittà, entrenó a un equipo de futbolistas que huían del régimen soviético, el Hungaria, entre los que se encontraba Lászlo Kubala. Tras una gira por España, en la que el equipo derrotó a la selección ibérica, Kubala fue contratado por el Barcelona, pero debido a una cláusula del contrato, los catalanes también tuvieron que fichar al entrenador, que era cuñado de Daučik. En España, Daučik, que también entrenaría al Athletic de Bilbao y al Zaragoza, ganó tres campeonatos y seis Copas de España.

res que habían ganado la Mitropa en 1931 y que estarían en el campo ese día: el emblemático delantero centro Gschweidl, de 36 años, Rainer, Erdl y el delantero centro Hoffmann. Fradi llegó al partido con algunas ausencias. Aunque Lázár se recuperó a última hora de una lesión, Kemény no pudo llegar: en su lugar debutaría el joven delantero Gyetvai, integrado en el primer equipo solo dos días antes.

A las 18:00 horas del 4 de julio, los equipos saltaron al campo bajo las órdenes del italiano Scarpi. El público de Budapest recibió a sus hinchas con todo tipo de cánticos y vítores, pero entonces, a los pocos minutos del comienzo, el First Vienna empezó a mostrarse continuamente ante el portero Háda, que no pudo hacer nada ante el gol de Pollack. Fue un gol regular a pesar de que los húngaros protestaron por un fuera de juego. Pero solo 4 minutos más tarde, en el minuto 12, un malentendido entre los defensores terminó con el balón a los pies de Sárosi, que con un disparo imparable igualó el marcador. El Ferencváros empezó a atacar con más insistencia y, tras varios intentos infructuosos, encontró el gol del 2-1 en el minuto 24: Toldi lanzó un disparo central desde la distancia que el portero austriaco alcanzó a atrapar. Sin embargo, el balón ya había cruzado la línea y el árbitro concedió el gol.

La segunda parte del partido también puso de manifiesto la superioridad de los húngaros, al menos durante media hora. Sin embargo, el equipo húngaro fue decayendo con el paso de los minutos y el First Vienna se animó, estando a punto de empatar. En el minuto 86, el Fradi tuvo la oportunidad de aumentar su botín: entre las vehementes protestas de sus rivales, el árbitro concedió un penalti, el cual Tátrai lanzó por encima del travesaño. En la reanudación, el First Vienna denegó un penalti a favor de los austriacos por considerar que la falta se había producido fuera del área. El partido de ida acabó con polémica.

Los primeros vientos de guerra soplaban sobre el mundo. Cuatro días antes del desafío de vuelta, Japón había invadido China. En realidad, la ocupación japonesa había comenzado mucho antes, en 1931, cuando el ejército japonés se apoderó de Manchuria y la convirtió en un estado títere. La expansión continuó gradualmente hasta llegar a la ciudad norteña de Fengtai, un cruce de ferrocarril cerca del puente de Lugouqiao, donde tuvo lugar el incidente que provocó el avance del ejército chino. No fue más que el preludio de una serie de conflictos armados que devastarían el mundo.

En un clima político cada vez más incierto, aunque no había indicios de que fuera a estallar un conflicto en Europa, se disputó el partido de vuelta entre el Ferencváros y First Vienna. Era el 11 de julio de 1937 y las horas previas al partido estuvieron marcadas por la polémica: los vieneses se habían quejado de la designación del árbitro, Bizik, porque el checoslovaco había nacido en Ruttka, una ciudad que entonces formaba parte de Hungría. Bízik hablaba húngaro y también había arbitrado algunos partidos de la liga húngara. Al final, las protestas se calmaron y Bízik arbitró el partido con regularidad. Increíblemente, fueron los propios húngaros los que se quejaron de la dirección del partido.

Bajo una lluvia torrencial, el partido comenzó con el Ferencváros, que había salido al campo con una alineación reducida debido a algunas ausencias, más proactivo. Crearon varias ocasiones de gol, pero en el minuto 20, debido a un choque —totalmente accidental, según los verdiblancos— entre Korányi y uno de los delanteros austriacos, el First Vienna se benefició de un penalti marcado por Pollack; un punto que devolvió la diferencia de goles al empate. Nemzeti Sport no ocultó su decepción al final del partido: "Solo puedes reírte de una decisión así. O llorar". El Fradi no se desanimó y con Sárosi lanzó magistralmente a sus compañeros más jóvenes hacia la portería, pero les faltó lucidez. El primer tiempo terminó con Korányi desconsolado. Parece que en el vestuario dijo a sus compañeros: "Por mi culpa tendremos que jugar un tercer partido", pero sus compañeros le animaron señalando el error del árbitro.

Las hostilidades se reanudaron y los húngaros volvieron a quejarse de la actuación del árbitro. Incluso se oyó a Sárosi exclamar: "¿Es eso un árbitro?". Bízik ni siquiera sancionó una falta contra el joven Jakab, que abandonó el campo al no poder continuar. El diagnóstico en las horas siguientes establecería una fractura de tobillo. El partido continuó con los húngaros jugando quizás mejor con diez hombres, aunque el First Vienna estuvo a punto de doblar el marcador al final. El intenso y controvertido doble encuentro no fue suficiente para decidir un ganador. Tres días más tarde, el 14 de julio, los equipos volverían al campo en Budapest para la eliminatoria. Las numerosas bajas en las filas de los húngaros obligarían a Sárosi a ocupar su posición original de center-half. Esto fue un gran hándicap, ya que la prolífica racha del delantero húngaro habría sido muy útil en un partido así.

En la primera parte, los planes de Sándor funcionaron: su equipo creó una ocasión tras otra, y en el minuto 24 se adelantó por medio de Toldi. El delantero chutó, el balón rebotó en el pie del austriaco Machu y entró en la red. Al final de la primera parte, el Fradi dobló la ventaja: esta vez el gol fue obra de Toldi, que batió al portero húngaro con un tiro de 15 metros a la salida de un córner.

En el segundo tiempo, en parte por la reacción de los vieneses y en parte porque el Ferencváros parecía tener la clasificación en el bolsillo, el First Vienna atacó con fuerza. Kaller encontró el gol del 2-1 tras una escapada por la izquierda y los austriacos siguieron insistiendo. El partido se calentó: Tátrai abordó a Pollack y un compañero de este último atacó a Tátrai. Luego, hacia el final, en un enfrentamiento con Toldi, Kaller salio del terreno en busca de ayuda médica y regresó poco después con la mano vendada. Pero no hubo más tiempo: el partido terminó 2-1 y los húngaros se llevaron a casa un tenso desafío.

Al final del partido, Polgár, un jugador húngaro que no participó ese día, dijo: "He perdido dos kilos en la segunda parte. Mis nervios habían desaparecido por completo". Springer, el presidente, expresó su preocupación: "Lo hemos dado todo, estamos agotados, no sé cómo nos enfrentaremos al Austria Viena en la semifinal". El Ferencváros contra el Austria Viena de 1937 significaba sobre todo, el Sárosi contra Sindelar: lo mejor del fútbol europeo de la época.

****

El Austria Viena volvió a la Copa Mitropa como campeón defensor. Entre los octavos y los cuartos de final, habían demostrado su valía al vencer a dos gigantes, el Bologna y el Újpest, ganando los cuatro partidos. Sindelar marcó en todas las ocasiones y parecía estar más en forma que nunca, aunque había sufrido una leve lesión en el partido de vuelta contra el Újpest. Al final, entraría en el juego.

Ante unos 40 000 espectadores, el Austria Viena empezó acelerando: Jerusalem marcó en el minuto 14 y Sindelar hizo el segundo en el 38. Sárosi, en su posición original de mediocampista central, parecía no gozar del apoyo de sus compañeros.

Pero al comienzo de la segunda parte fue su gol el que redujo la diferencia: la estrella húngara aprovechó un penalti concedido por una falta del austriaco Andritz. Austria volvió a tomar la delantera y, entre los minutos 57 y 62, Jerusalem y Sindelar llevaron el marcador a 4-1. Un minuto después, Sindelar volvió a marcar, pero esta vez el árbitro lo anuló por fuera de juego. Al final del partido, Sárosi dijo que el gol, validado inicialmente por el árbitro, era claramente irregular. Dijo que se dio cuenta de inmediato y pidió al árbitro, como capitán, que consultara al juez de línea, quien después de unos momentos, de hecho, tomó la decisión correcta. Entrevistado al final del partido, Sindelar habló de una victoria merecida y dijo que estaba deseando jugar en Budapest. El Hombre de Papel, que además del gol había dado las tres asistencias para los goles de sus compañeros, fue sin duda el mejor jugador del campo. El Sportagblatt estaba entusiasmado: "¡Solo hay un Sindelar!". Los rivales también mostraron su agradecimiento: Nemzeti Sport dijo que el Austria Viena era el mejor equipo de la historia de la Mitropa. De cara al partido de vuelta, había un sentimiento de pesimismo entre los húngaros, que no era compartido por Sárosi, quien dijo que esperaba que el Ferencváros fuera mejor que en el partido de ida. El delantero mencionó el partido amistoso de Semana Santa que Fradi había ganado contra Austria unos meses antes: el encuentro, que había supuesto el debut de Sandor en el banquillo húngaro, había terminado 7-2. Las esperanzas de los húngaros descansaban sobre todo en ese nuevo precedente[111].

El 25 de julio, los equipos saltaron al campo para el partido de vuelta ante 22 000 espectadores que parecían creer en la hazaña. El comienzo fue reconfortante para los húngaros: el Fradi tomó inmediatamente la iniciativa

---

111   Un dato curioso: la breve etapa de Sándor al frente del club comenzó y terminó con dos partidos contra el Austria Viena, el último de ellos fue la vuelta de las semifinales de la Copa Mitropa.

y comenzó a asediar la portería de Zöhrer. El primer gol llegó en el minuto siete gracias a un cabezazo de Kemény. Los jugadores húngaros y el público de su país se sintieron aún más entusiasmados cuando Sárosi aumentó la ventaja con un cañonazo en el minuto 25. Sindelar le siguió dos minutos antes del final de la primera parte, y los equipos se fueron a los vestuarios con un 2-1, un marcador que no dejaba dudas a los austriacos.

El Fradi no se rindió, sino que reanudó su dominio del partido y gracias a otro disparo de larga distancia, esta vez de Kiss, marcó el 3-1. Solo quedaba un gol para conseguir la plaza de play-off: llegó poco después gracias a Kemény, que aprovechó una carrera serpenteante a través de la defensa rival. Los verdiblancos no se conformaron con el empate e insistieron: Sárosi, que también tenía capacidad para desmarcarse, se abalanzó sobre un centro desde la banda, superó a Sesta y a Nausch y puso el 5-1 en la portería de Zöhrer. El triunfo se selló unos minutos después con el sexto gol de Toldi, a pase de Táncos. El partido terminó 6-1 y Ferencváros pasó merecidamente a la final. La policía se esforzó por contener el entusiasmo del público, que invadió el campo llevando a hombros a algunos de sus favoritos, Sárosi y Toldi sobre todo.

"¡Milagro!", escribió un periódico de Budapest al día siguiente. Curiosamente, al final del partido de ida, el presidente de los húngaros dijo: "Estoy convencido de que sorprenderemos a nuestros aficionados y nos clasificaremos para la final sin pasar por la repesca". Una predicción que roza la presciencia.

Para Austria, la aventura europea había llegado a su fin. También para Matthias Sindelar, que ese día jugó su último partido en la competición. Se marchó de aquel escenario con la cabeza bien alta: como líder indiscutible había llevado a su equipo, un equipo que nunca había destacado en la liga, a dos triunfos, y ese año, con casi 35 años, lo había dejado a un paso de otra final. Fue sin duda uno de los jugadores más importantes de la historia del evento.

****

Tras eliminar a tres equipos punteros como el Bologna, el Újpest y el Austria Viena, Sárosi y sus compañeros se encontraron con un inesperado equipo en su camino: la Lazio, un equipo en el que había empezado a brillar la estrella del delantero centro Silvio Piola. El jugador era un extraordinario delantero conocido sobre todo por su maniática profesionalidad, estaba en su mejor momento y venía de una temporada espléndida a nivel personal: se había convertido en el máximo goleador de la liga, con 21 goles que habían permitido a la Lazio terminar justo por detrás del Bologna de Árpád Weisz. Sus goles también jugaron un papel importante en el camino hacia la final: siete de los 11 goles llevaban su firma. A lo largo de los años, la presencia de entrenadores húngaros en la liga italiana ha sido una constante, y la Lazio no fue una excepción, ya que József Violak se sentó en el banquillo de los biancocelesti. Apodado Viola por los periódicos italianos, el técnico ya había entrenado a varios equipos italianos, y como jugador/entrenador había ganado un título con la Juventus en 1924/25, pero ese año, por primera vez, tuvo la oportunidad de competir en Europa. El equipo, que hasta unos años antes había recibido el apodo de Brasilazio por el gran número de jugadores procedentes de Brasil, no tenía ninguna victoria en su palmarés y tenía la posibilidad de repetir la hazaña del Újpest ocho años antes, que fue ganar el primer título europeo de su historia antes que el primer nacional. Los biancocelesti habían llegado a jugar la Copa sin pasar a las semifinales debido a la anulación del partido entre el Génova y el Admira, partido anulado por los disturbios que se produjeron en Viena hacia el final del encuentro[112]. Las tensiones en el terreno de juego reflejaban las que desde hacía tiempo regían las relaciones entre Austria e Italia, una Italia que, incluso de forma no demasiado tácita, había empezado a hacer guiños a la Alemania de Adolf Hitler. Unos meses antes, las rencillas también se habían manifestado en un partido de la Copa Internacional: hacia el final del primer tiempo, el desafío entre Austria e Italia se había vuelto incontrolable ,y tras una serie de advertencias, el árbitro se vio obligado a suspender el partido durante la segunda parte. Fue el primer partido de la historia entre dos selecciones nacionales que se invalidó.

****

Ese año, a diferencia de otras veces, la final debía celebrarse en agosto, pero debido a los escándalos que rodearon la semifinal entre el Génova y el Admira, la fecha se cambió a septiembre. Esto trastocó los planes de los directivos húngaros, ya que Sándor, cuyo contrato finalizaba antes del inicio del nuevo campeonato, abandonó el banquillo del Fradi, por lo que no pudo jugar la final que se había ganado en los meses anteriores. En el banquillo se nombró a Emil Rauchmaul, que en su juventud había sido nadador y jugador del BTC —y soldado, ya que también había combatido en la Gran Guerra—, antes de unirse al Fradi, y había almacenado una importante experiencia internacional como entrenador al haber trabajado en Polonia —empezó su trayectoria en los banquillos de dos equipos de Katowice—, Hungría —por el BTC y el Bocskay—, Grecia, Polonia otra vez y Checoslovaquia, antes de volver definitivamente a Hungría. Aquí entrenaría al Tatabanya antes de firmar un contrato con el conjunto verdiblanco. Entrenar al Fradi significaba tener la posibilidad de ganar el título europeo más codiciado de la época. Polgár, incitado por

---

112   El árbitro había concedido un discutido penalti a los austriacos, que Schall transformó. Se produjo una refriega que provocó la expulsión del italiano Agosteo y de Morselli, que acabó con la mandíbula fracturada abandonando el campo. Unos días más tarde, los austriacos viajaron a Italia para el desafío de vuelta y se enteraron por el camino de que Mussolini había decidido cancelar el partido. En los días siguientes, el comité excluiría a ambos equipos de la competición.

los micrófonos en la víspera del partido, había argumentado que, en lugar de dejar pasar a Piola, habría sido expulsado, por lo que fue amonestado por la federación húngara[113]. Los periódicos húngaros también se detuvieron en un acontecimiento concreto: Sárosi se había licenciado en Derecho y a partir de ese momento, salvo para sus propios fans, Gyurka se convertiría en el Dr. Sárosi.

Las 30 000 personas que acudieron al estadio el 12 de septiembre cantaron el coro Hajrá Fradi como un solo hombre. Era un público al que muchos de los jugadores de la Lazio no estaban acostumbrados. El partido comenzó con una ligera superioridad húngara, pero esta no se tradujo en verdaderas oportunidades de gol, llegando el primero en el minuto 22 gracias a un avance de Toldi por la izquierda, que apareció delante de Blason y lo batió: 1-0. Pero el entusiasmo del público se apagó solo cuatro minutos más tarde, cuando Busani marcó el gol del empate tras una situación confusa. El primer tiempo terminó en empate y en los 15 minutos siguientes se escucharon voces emocionadas desde ambos vestuarios. El presidente del Fradi, que se había incorporado a su equipo, dio un claro consejo a sus jugadores: "Controlad mejor el balón".

La segunda parte comenzó con el dominio del Ferencváros. Era conocida la tendencia de la Lazio a dormirse en ciertas fases del partido, pero dada la importancia del encuentro y el valor del rival, esta era la peor circunstancia posible. Los húngaros aprovecharon para asediar el área de los italianos: primero Sárosi marcó tras regatear a tres defensas y, dos minutos después, a Toldi le anularon un gol por una dudosa carga sobre Blason. Pero en el minuto 60 el Dr. Sárosi hizo el 3-1 desde el punto de penalti tras una falta de Baldo sobre Kémeny. La Lazio logró reducir la desventaja cuatro minutos después, con Piola recogiendo un rebote de un disparo de Costa por el portero magiar. Entonces, en un momento en que las certezas de victoria del Fradi empezaban a tambalearse, los húngaros se beneficiaron de un segundo penalti por un aterrizaje dudoso, muy dudoso, de Viani sobre Toldi. El infalible Sárosi hizo el 4-2. Al día siguiente, los periódicos italianos estaban furiosos con el árbitro checoslovaco Krist, aunque, para ser justos, decían que en su opinión no había sido de mala fe y admitían que algunas decisiones también habían perjudicado a los húngaros. Este último estuvo de acuerdo en que el segundo penalti de Ferencváros era inexistente, pero añadió que podrían haber existido dos más. Era el juego habitual de los partidos de aquellos años y era tan característico de la política como del deporte. Toldi, que había discutido con Piola al final del partido y había sido acusado por los italianos de amenazar al delantero, dijo que estaba seguro de la victoria final. Este optimismo era quizás excesivo, dado que una diferencia de dos goles no era un margen tan tranquilizador.

---

113   Esta frase podría parecer normal hoy en día. Sin embargo, en una época en la que no existían las tarjetas amarillas y las expulsiones se concedían casi únicamente por conductas manifiestamente violentas y voluntarias, estas declaraciones tenían un significado muy diferente.

El equipo húngaro llegó a Italia dos días antes del partido de vuelta. Como siempre, para disfrutar de la tranquilidad y el alejamiento de las multitudes, los jugadores se refugiaron en el campo, concretamente en las colinas de Frascati. Entre las dos finales, Sárosi había tenido una actuación inolvidable en la Copa Internacional: Hungría había vencido a Checoslovaquia por 8-3, y el delantero había batido al estelar guardameta Plánička en siete ocasiones[114].

El partido comenzó en un terreno empapado. Una ligera llovizna caía sobre el suelo de Roma, que había sufrido fuertes aguaceros días antes. Además de un gran número de hinchas húngaros, en el estadio había varias personalidades italianas, húngaras e internacionales ajenas al mundo del fútbol, como el famoso escritor Aszlányi[115], que llevaba un extraño sombrero verde, y el famoso actor estadounidense Powell, que, para decepción de los periodistas italianos, declaró que amaba el fútbol húngaro y, por tanto, apoyaba al Fradi.

La Lazio se lanzó de inmediato al ataque y, a los pocos minutos, Costa introdujo en la red el balón, tras una combinación de Piola y Camolese. La ventaja solo duró unos segundos: en la siguiente jugada el árbitro suizo Wüthrich pitó un penalti a favor de los visitantes. Kiss, que había sido cedido por Sárosi, fue derribado por el jugador contrario Monza[116], aunque el balón parecía fuera del alcance del húngaro[117]. Sárosi lo convirtió de forma impecable. La Lazio, con la moral por los suelos, estuvo durante unos minutos a merced de su rival, que volvió a marcar con un cabezazo de Sárosi tras una espléndida acción coral. Luego Lazio se despertó del letargo, volvió a desplegar su juego y a los 19 minutos, tras un saque de esquina, Piola marcó el 2-2 de cabeza. La inercia del partido cambió por completo, y en el minuto 36 la Lazio, gracias a dos goles más de Piola, igualó el marcador entre el partido de ida y el de vuelta: el delantero marcó primero anticipándose a un defensa rival en un centro desde la derecha de Busani, y luego con un cabezazo en un tiro libre de Luigi Milano. Pero, una vez más, el entusiasmo de la hinchada de Roma se desvaneció: unos instantes después, Toldi le anotó a Provera —que ese día sustituía a Blason— con un cañonazo. Una primera parte llena de emociones y giros terminó con un 4-3 a favor de los biancocelesti. Un auténtico espectáculo de los protagonistas más esperados: Piola y Sárosi.

---

114   El récord de aquel partido sigue vigente: ningún futbolista húngaro ha marcado más de siete goles con su selección.

115   Al año siguiente, Aszlányi, de tan solo 30 años de edad, murió al estrellarse contra un árbol.

116   Monza era primo de Reguzzoni, lateral izquierdo y bicampeón del Bologna.

117   *La Gazzetta dello Sport* criticó esta decisión, alegando que en esos casos, cuando una acción estaba destinada a morir, los árbitros italianos solían dejar pasar las cosas.

La segunda parte siguió un guion preciso: la Lazio se lanzó al ataque en busca de un gol y los húngaros trataron de administrar el partido. En el minuto 61 se presentó una nueva oportunidad para el equipo local. Piola se benefició de un penalti, pero lo pateó tan mal como pudo. El disparo, lento y centrado, fue bloqueado sin problemas por Háda y, a continuación, rechazado por un defensor. Fue en ese momento cuando la presión de la Lazio se desinfló. Diez minutos después, Kiss empató tras un saque de esquina de Kemény y, en el minuto 80, Sárosi aseguró la final con un maravilloso gol: recogió un centro de tacón desde la derecha de Táncos y, con una perfecta patada de bicicleta, introdujo el balón en el segundo palo, dejando atónitos al portero italiano y al público del Olímpico. "¡Gyurka! ¡Gyurka!", una y otra vez los hinchas húngaros gritaban desde las gradas mientras los jugadores verdiblancos levantaban a su capitán del barro y lo abrazaban.

Al final del partido, Sárosi criticó las duras intervenciones de los defensores italianos y bromeó sobre el gol: "¡He tenido mala suerte! No pude ver uno de mis goles más bonitos porque estaba de espaldas". Starace entregó la copa en manos del capitán húngaro, la segunda que ganaba el club de Budapest. Pozzo habló de una victoria merecida por la mayor experiencia de los magiares, y el árbitro Wüthrich calificó a Sárosi de "mejor jugador y estratega del mundo". Bela Nagy relata una curiosa declaración de Piola al final del partido: "Había empezado con la intención de chutar a la esquina derecha, pero entonces, detrás de la portería y delante de la copa, Vittorio Pozzo me indicó que chutara a la izquierda. Al final, en una confusión total, disparé al portero".

CAPÍTULO 13

1938 - JOSEF BICAN Y LA OTRA CARA DE PRAGA

Entre la noche del 11 de marzo y el 10 de abril de 1938, Europa comenzó su descenso al abismo. En primer lugar, el canciller austriaco Von Schuschnigg pronunció un discurso a la nación en el que presentó su dimisión, concluyendo con la frase: "Que Dios proteja a Austria"; y luego, al día siguiente, la Wehrmacht marchó sobre la capital austriaca. En Viena, una ciudad desgarrada en los años anteriores por continuas protestas y revueltas ciudadanas, el ambiente era muy diferente, pero un ánimo prevalecía: no pocos veían con buenos ojos la invasión alemana. Tres días después, desde el Palacio de Hofburg, Hitler proclamó ante unas 250 000 personas la unión de las dos naciones en un gran Reich. Para legitimar la anexión, el 10 de abril se celebró un referéndum que, aunque fue fruto de algunos condicionamientos e irregularidades, fue unánime: el 99,73% de los votantes marcaron la casilla del "SÍ", expresando así su acuerdo con la unificación de Alemania y Austria. En los días previos al evento, la propaganda de Hitler había hecho todo lo posible para fomentar la participación y el resultado deseado. Entre las celebridades que el régimen utilizó para defender su causa estaban, por supuesto, las estrellas del fútbol. Exactamente una semana antes de que el pueblo austriaco acudiera a las urnas, se organizó un partido amistoso entre Austria y Alemania con un doble objetivo: por un lado, publicitar la victoria del "SÍ" y, por otro, sellar la fusión de las dos selecciones nacionales para el próximo Mundial de Francia[118]. En la mañana del partido, apareció un artículo en el Völkischer Beobachter, el periódico del Partido Nacional Socialista, que decía: "Los jugadores agradecemos a nuestro Führer de todo corazón y votaremos 'SÍ'". Debajo de ella estaban las firmas de iconos del fútbol austriaco como Matthias Sindelar, Karl Sesta y Franz Binder. Viena empezaba a convertirse en una ciudad alemana de pleno derecho y esta metamorfosis tendría un impacto en todas las esferas económicas y sociales. El deporte no se salvó: la Copa Internacional se suspendió con efecto inmediato y la liga

---

118   El partido se jugó en Viena y terminó 2-0 a favor de los austriacos, con goles de Sindelar y Sesta.

austriaca, rebautizada como Gauliga, se convirtió en una especie de competición regional cuyo ganador desafiaría a los líderes de las demás Gauligen, para determinar el mejor equipo del Tercer Reich. Además de la expulsión inmediata de los jugadores, entrenadores, directivos, periodistas judíos y del desmantelamiento de los distintos clubes judíos del país, el fútbol austriaco volvió a adoptar el modelo amateur. Esto significaba, por un lado, que los jugadores tendrían que buscar un empleo remunerado[119] y, por otro, que los clubes de Viena dirían adiós a la Mitropa, una competición resultante de la transición al profesionalismo[120]. Los equipos suizos también renunciaron, por razones de conveniencia política. El 30 de abril, el comité, que entretanto había decidido ampliar la participación a dos equipos yugoslavos y rumanos, se reunió para decidir el calendario e hizo una corrección: a excepción de la final, un sorteo decidiría el ganador en caso de empate entre la ida y la vuelta. La Copa comenzó el 26 de junio.

****

El Mundial de Francia fue un presagio de confirmaciones y sorpresas: Italia había vuelto a ganar el título, esta vez fuera de casa y lejos de las sospechas y polémicas de cuatro años antes. En la final vencieron a Hungría, y Piola, que marcó un doblete, consiguió vengar la derrota que Sárosi y sus compañeros habían infligido a la Lazio el año anterior. Hubo dos sorpresas principales: la prematura eliminación de una Alemania repleta de jugadores austriacos a manos de Suiza[121], y la aún más inesperada derrota de Checoslovaquia contra Brasil[122] al final de dos partidos. El primero de ellos, que terminó 1-1, pasaría a la historia como uno de los encuentros más violentos de todos los tiempos: una gran cantidad de faltas provocó tres expulsiones y dos lesiones graves a leyendas como Nejedlý y Plánička. Aunque Nejedlý se recuperó rápidamente, Plánička, que salió del partido con el brazo y la clavícula fracturados, dijo adiós a su carrera ese día. Fueron los médicos quienes le aconsejaron que lo dejara tras enterarse de una primera lesión

---

119   Por ejemplo, Matthias Sindelar, que moriría en un accidente en casa de su pareja el 23 de enero de 1939, compró el Annahof, un café en su barrio natal de Favoriten.

120   Al principio se planteó la posibilidad de incluir equipos alemanes en el cuadro de Mitropa, pero luego se descartó la idea. Alemania dejó claro que no quería participar en una competición inventada por un judío.

121   El primer partido terminó 1-1. La repetición terminó 4-2 a favor del equipo suizo.

122   En aquella época, Brasil no era considerado una gran superpotencia futbolística. No tenía el palmarés de Uruguay y Argentina, y su victoria sobre Checoslovaquia fue descrita como un "triunfo de la voluntad y el compromiso sobre la técnica".

que el portero había sufrido en el mismo brazo durante su juventud. Después de Matthias Sindelar, otra leyenda del fútbol centroeuropeo dejó la competición. Pero lo que había hecho hasta ese día era más que suficiente para que pasara a la historia: el Gato de Praga, como apodaban a Plánička, había destacado a lo largo de los años por su seguridad, agilidad y capacidad para leer el juego con antelación. Rechazado por el Sparta, se convirtió en el buque insignia del Slavia, club al que había vinculado su nombre de forma indisoluble. El fichaje de Plánička por el Slavia fue curioso: el guardameta, que entonces jugaba en un club menor llamado Bubeneč, insistió en fichar por el Slavia a pesar de la resistencia de su club. Así que Plánička adoptó el seudónimo de Jakubec y viajó a Viena para disputar un partido amistoso con el equipo del Slavia. El Bubeneč se enteró y no le gustó nada: exigió una sanción tanto para el guardameta como para el Slavia. La disputa se llevó a los tribunales y al final, por un pago de 300 coronas, el portero vio cumplido su sueño: por fin podría defender los colores rojiblancos. Tras un par de años en los que compitió con el más experimentado Sloup-Štaplík, Plánička se había convertido en una pieza insustituible tanto en su club como en la selección nacional. A lo largo de los años había ganado ocho títulos de liga, seis copas nacionales y había llegado a una final de la Copa del Mundo. Solo le faltaba una cosa: ganar la Mitropa.

****

Plánička decidió esperar para dejar el mundo del fútbol: de cara a la próxima edición de la Mitropa decidió trabajar como entrenador de porteros. Para hacer frente a los repetidos problemas físicos que habían sufrido algunos jugadores a lo largo de los años, el Slavia había ampliado su personal técnico contratando a tres nuevos preparadores físicos. En 1936, cuando el primero de estos problemas empezó a afectar a los delanteros Puč, Svoboda y Sobotka, el club de Praga se hizo con los servicios de un jugador que pasaría a la historia del Slavia tanto como Plánička: Josef Bican. El jugador nacido en Viena y de padres bohemios[123], había sido el alumno predilecto de Hugo Meisl en su juventud, quien alababa su determinación y su hambre de éxito. Era un delantero con una velocidad extraordinaria —corría los 100 metros en 10,8 segundos—, un gran remate de cabeza y un increíble sentido del gol, una característica que se convertiría en su marca con el paso de los años. Tras sus primeras patadas en el Hertha de Viena, el club en el que había jugado su padre František[124], y después de una época en que había pensado dejar el fútbol, empezó a jugar con los equipos de Schustek y Farbenlutz, dos empresas en que había trabajado como obrero, y luego, ojeado por el

---

123   Creció en la Quellengasse, la misma calle en la que vivía Matthias Sindelar.

124   František Bican murió a principios de la posguerra tras una lesión sufrida durante un partido.

defensa del Rapid Roman, Schramseis, fue fichado por el club verdiblanco. Aquí se convirtió en el máximo goleador del campeonato austriaco en 1934, hazaña que le valió la titularidad en el Mundial. Sin embargo, solo dos años después, debido a las exigencias económicas del jugador, Bican se trasladó al Admira, aunque no se había llegado a un acuerdo oficial con el Rapid, el cual opuso cierta resistencia inicial y decidió recurrir a los tribunales. Hugo Meisl, que había sido el mentor de Bican, excluyó temporalmente al delantero de la selección nacional y amenazó con suspender su contacto durante cuatro años. El problema se solucionó y Bican fue debidamente inscrito en el Admira, pero solo dos años más tarde la situación volvió a plantearse: el delantero aceptó una oferta del Slavia, que le había ofrecido tres villas y 150 000 coronas, una cantidad exorbitante para aquellos tiempos, además de una suma récord para el club austriaco. Admira, que inicialmente vetó la operación y confiscó el pasaporte del delantero, finalmente aceptó. En realidad, el primer contacto entre Bican y el Slavia había tenido lugar años antes, en 1933, cuando el jugador vestía la camiseta del Rapid. El Rapid y el Slavia se habían enfrentado en un partido amistoso en el que Bican había anotado cinco goles, y los checoslovacos, que en un principio querían fichar a Franz Binder, empezaron a cortejar a Bican, el cual, según cuenta la leyenda, respondería: "Soy checoslovaco y aficionado del Slavia de toda la vida, el día que me vaya, será solo para vestir vuestra camiseta". Ese día llegaría en el verano de 1936: Bican, como ocurría todos los años, había vuelto a Sedlice u Blatné, el pueblo natal de su padre, para pasar las vacaciones, y aquí, durante un picnic, se le unieron los directivos del Slavia con un contrato de por medio. Se dieron la mano y el acuerdo quedó semioficializado. Ese mismo día, la dirección del Sparta, en un intento de evitar el traspaso de Bican al eterno rival, también se había dirigido al jugador. Sin embargo, habían cometido un error: se habían detenido a comer por el camino y, por tanto, habían llegado tarde. Su oferta, aunque más lucrativa que la de sus antagonistas, fue rechazada por el jugador. Bican contaría más tarde: "Llegué a la aduana de Břeclav el 15 de abril de 1937. Entregué mis documentos a los agentes de aduanas y, tras comprobarlos y ver la foto, leyeron mi nombre y miraron por la ventanilla: 'Así que eres Bican. Por fin estáis aquí, ¡lo estábamos esperando!'". Sin embargo, debido a la disputa surgida, la inclusión del delantero no fue inmediata. No solo eso, sino que al principio Bican no era del agrado de sus compañeros, ya que había acordado con el Slavia mantener en secreto los detalles de su contrato que también incluía los honorarios por partido, algo inusual en aquella época, ya que los jugadores sabían cuánto recibían sus compañeros. Por estas razones el delantero no empezó a aparecer en la alineación titular hasta el comienzo de la temporada de 1937/38, en sustitución de Sobotka, un jugador de gran talento y clase, pero que no estaba acostumbrado a jugar como parte de un equipo y que llevaba algún tiempo en desacuerdo con sus directivos. Sin embargo, debido a una serie de vicisitudes, Bican no pudo jugar en el Mundial de 1938: unos meses después de llegar a Praga, convencido de que pronto se nacionalizaría gracias a sus orígenes, el delantero había solicitado un pasaporte checoslovaco, el cual habría anulado el austriaco. Pero mientras el proceso estaba en marcha intervino el Anschluss, lo que significó que el pasaporte original del delantero dejó de ser válido. Bican, que en los meses anteriores no había respondido a la llamada del entrenador alemán Herberger, se negó a solicitar el pasaporte alemán y esperó pacientemente a que se resolviera el proceso burocrático de obtención del pasaporte checoslovaco. Desgraciadamente, ese contratiempo retrasó el proceso y el documento no llegó hasta agosto de 1938, cuando el Mundial ya había concluido. Pero cada nube tiene su lado positivo: Bican apareció en el escenario de la Copa Mitropa fresco, descansado y en plena forma.

****

El obstáculo al que se enfrentó el Slavia en los octavos de final parecía un equipo muy asequible sobre el papel. Se trataba del BSK Yugoslavia, un viejo conocido de la Mitropa, que había jugado en 1927 y 1928 antes de que la federación yugoslava fuera sustituida por la italiana.

El partido en Belgrado comenzó ante 10 000 espectadores con un guion a la altura de las expectativas: el Slavia al ataque y el BSK con dificultades. Los checos se adelantaron en el minuto ocho gracias a un gol olímpico en un saque de esquina de Vytlačil. Unos minutos más tarde, Bradáč dobló el marcador tras una carrera serpenteante a través de la irresistible defensa yugoslava. En el minuto 23, Horák hizo el 3-0 gracias a un error garrafal del portero que dejó escapar el balón.

La segunda parte comenzó con el Slavia dando la impresión de que la victoria estaba en el bolsillo. La actitud de los checos dio confianza a los locales, que se lanzaron al ataque para intentar reducir la desventaja y hacia el final del partido lo consiguieron, primero por medio de Podhradský y luego de Božović. Bokšay, el sustituto de Plánička, tuvo que esforzarse para evitar la sorpresa final. A pesar de la debacle de los últimos minutos, el Slavia llegaría a la vuelta con una ventaja de un gol.

Los equipos se enfrentaron cuatro días después en el estadio de Letná. A pesar de que ese día estaba prevista una reunión del Sokol, la mayor organización deportiva de Bohemia, la asistencia fue de unos 20 000 espectadores. También había un gran contingente de aficionados yugoslavos que animaban a sus favoritos desde el primer minuto. Después de todo, una diferencia de un gol no era una desventaja irreversible. Pero el público local enmudeció de repente cuando Šimůnek dio al Slavia la ventaja en el minuto 12. Los locales tuvieron el partido en sus manos y continuaron con su juego sin encontrar más goles antes del descanso.

En el minuto 55, los yugoslavos igualaron el marcador cuando Podhradský aprovechó un error de Bokšay, y abrió una brecha que hasta entonces había estado en manos del Slavia, como demostró el recuento de córneres: 9-3. El Slavia, que parecía querer la victoria más de lo que el BSK creía en la remonta-

da, continuó con sus ataques, y en el minuto 82 se le concedió un penalti: Horák fue derribado en el área, y Bican lo convirtió en su primer gol internacional con la camiseta rojiblanca. El defensa central yugoslavo Manola y el delantero Mosha Marjanović, ahora leyenda del equipo yugoslavo, fueron expulsados por insultar al árbitro. A pesar de no ser especialmente brillante, la doble jornada salió como se preveía: el Slavia se clasificó para los cuartos de final.

****

En cuartos de final, el Slavia se enfrentó al Ambrosiana, un equipo que, aunque no contaba con una tradición envidiable en la Copa Mitropa —solo había jugado y perdido una final, en 1933—, era campeón de Italia y contaba entre sus filas con algunos nuevos campeones del mundo, como el capitán y abanderado Giuseppe Meazza y el centrocampista Giovanni Ferrari. Ambos habían sido decisivos en el paso a la siguiente ronda gracias a los goles que marcaron contra los húngaros del Kispest, un equipo que hizo su aparición en la escena internacional en 1938 y que tendría mucho más éxito en los años siguientes.

El partido de ida se jugó en Praga y comenzó con repetidos ataques de los checos, pero Šimůnek, Bradáč y Vytlačil no fueron efectivos en la primera media hora. Para aumentar la concreción del ataque, Bican y Bradáč intercambiaron posiciones, y en dos minutos, entre el 34 y el 35, el Slavia hizo el 2-0. Bican marcó con un tiro amplio desde fuera del área y Horák tras una carrera en solitario.

La segunda parte comenzó exactamente como había terminado la primera, con el Slavia proyectado hacia delante y la Ambrosiana atrincherado atrás con todos sus jugadores, incluido Meazza. Los checoslovacos se lanzaron a la ofensiva: en el minuto 48 el balón llegó a Horák, cuyo disparo, repelido por Peruchetti, fue recogido por Vytlačil, quien puso el 3-0, y solo seis minutos después llegó el cuarto gol gracias a Bican, que tras burlarse de los defensas redondeó aún más el resultado. Bican estuvo imparable, y en el minuto 56 marcó su triplete personal. La Ambrosiana, ahora a merced de su rival, se hundió en los minutos siguientes. Bradáč marcó en un tiro libre desde 25 metros, y Horák anotó en el minuto 63 con un disparo a la esquina inferior. En el minuto 75, Bican coronó una magnífica jornada con su cuarto gol personal, el octavo de su equipo: interceptó un pase de Buonocore y batió a Peruchetti, de nuevo sin que le molestaran. El último gol del partido fue obra de Vytlačil tras un intercambio en la banda izquierda del ataque bohemio. Bajo la lluvia de Praga, un partido sin precedentes en la historia de la competición terminó de una manera que los periódicos italianos no habrían podido explicar[125]. Todos los jugadores nerazzurri, a excepción de Meazza y Ferrari, estaban en el banquillo. Alguien señaló con el dedo el planteamiento inicial,

---

125   La mayor diferencia de goles entre dos equipos hasta ese momento fue el 8-0 que el Ferencváros infligió al Roma.

demasiado defensivo y reticente ante un rival que, si se le coge en velocidad, puede ser difícil. Se dice que Josef Laufer, el histórico comentarista de radio checoslovaco y entrenador del Slavia, recordó el partido con las siguientes palabras: "El juego colectivo de los delanteros de edad similar y en el mejor momento de sus carreras fue inolvidable. Horák, Šimůnek, Bican, Bradáč y Vytlačil dieron una maravillosa exhibición de fútbol entre los minutos 60 y 65 con tres goles de autor. Me quedé sin voz y se me saltaron las lágrimas en cuanto el árbitro pitó el final del partido. Solo lamento que no todos los aficionados del Slavia hayan podido ver el partido". Seis días más tarde, Milán acogería el partido de vuelta, un desafío que sobre el papel era pleonástico.

Probablemente no fue una coincidencia que, a pesar de que se jugaba un partido internacional de cuartos de final, el 17 de julio las gradas de la Arena Cívica de Milán estuvieran pobladas por un tercio del público que había asistido al partido contra el Kispest. A 38 grados de temperatura, la Ambrosiana salió al campo con 5 jugadores nuevos respecto al partido de ida. Los primeros compases del encuentro reflejaron el ambiente de un partido con un final anunciado: poca emoción, salvo un remate al larguero de Vytlačil en el minuto seis, y con una competencia casi inexistente. Vytlačil marcó el primer gol para el conjunto visitante en el minuto 25, tras una asistencia de Bican, y fue entonces cuando el partido se calentó debido al nerviosismo de los italianos, que no estaban dispuestos a perder ante su propio público. En el espacio de unos minutos, el nerazzurro Schuber pisó a Bradáč, Bokšay chocó con Ferrari, y Černý y Šimůnek sufrieron contusiones menores. Bradáč tuvo que abandonar el campo durante 20 minutos para que le aplicaran 5 puntos de sutura en la cabeza. Fue entonces cuando la Ambrosiana se adelantó con más convicción y empató por medio de Ferrari.

Luego, en la segunda parte, ganaron el partido con un segundo y un tercer gol gracias a Frossi, con la ayuda de un Bokšay aún convaleciente, y finalmente con un gol de Ferrari. Sin embargo, la suerte del concurso se había decidido unos días antes en Praga. El Slavia había pasado a las semifinales.

****

Aquí los checos encontraron el Génova, un club que a finales de los años 20 era a duras penas un equipo de competiciones europeas, pero que había dado un salto de calidad aproximadamente una década después. Aunque no había ganado el campeonato en esos años, el equipo ligur llegó a las semifinales de la Copa Mitropa por segunda vez consecutiva. En 1937, el club había sido descalificado tras los escándalos de Viena, y este año volvió con la misma credibilidad. El doble enfrentamiento contra el Sparta en octavos de final fue su mejor carta de presentación, y pasar de ronda contra el Rapid de Bucarest rumano, dirigido por la antigua leyenda del Újpest, Istvan Avar, fue una nueva prueba de madurez, sobre todo por el caldeado ambiente de

la vuelta[126]. Para preparar mejor el desafío contra el Génova, el Slavia pasó una semana en Bellagio y llegó a la capital ligur la noche del 23 de julio, dos días antes del partido.

El Génova, que había perdido a su delantero centro Bertoni, decidió hacer una revolución táctica y salió con varios jugadores en nuevas posiciones. Sin embargo, a pesar de los diferentes cambios tácticos, los italianos tomaron la delantera y fueron peligrosos en varias ocasiones durante los primeros diez minutos, siendo Bokšay decisivo en dos de ellas. La primera vez que el Slavia estuvo a punto de marcar fue con un tiro libre de Kopecký en el minuto 11, el cual terminó apenas desviado. A partir de ese momento, el partido comenzó a presentar ráfagas en ambos bandos, pero sin ocasiones reales hasta que, en el 29, el centrocampista italiano Figliola aprovechó un córner de Arcari para hacer el 1-0 a favor del Génova. Pocos minutos después, de nuevo por iniciativa de Arcari, llegó el segundo gol: Morselli recogió un centro y lanzó un trallazo hacia la portería que se estrelló contra el poste interior antes de entrar. Pero no pasó ni un minuto antes de que Horák, olvidado por la defensa italiana, redujera la diferencia con una asistencia de Šimůnek. Una primera parte animada e intensa terminó con un 2-1.

El Génova, consciente de que merecía una mayor ventaja, se lanzó al ataque y cobró varios córneres en los primeros minutos. Por tercera vez, Figliola estuvo a punto de marcar de cabeza, pero esta vez fue Daučík, el defensa y capitán del Slavia, quien salvó la jugada en la línea de gol. Entonces, el Slavia encontró el camino a la red: Bican regateó a Genta, lanzó un torpedo angulado que el portero Agostini no pudo retener, y Vytlačil, a pocos pasos, lo introdujo en la red. Eso fue en el minuto 57. El Génova volvió al ataque y reclamó una falta de Průha sobre Cattaneo en el área. Así la presión italiana no tardó en dar sus frutos: en el minuto 68, un pase impreciso de Perazzolo fue atravesado por el half izquierdo checoslovaco Kopecký y llegó a Arcari, cuyo centro fue recogido por Morselli, que marcó el 3-2 para poner al Génova por delante. El Slavia parecía desordenado, pero no Bican: el delantero se hizo peligroso con dos mano a mano que fueron neutralizados por el portero italiano. En el minuto 83, un saque de esquina ejecutado por Cattaneo generó un barullo delante de Bokšay que acabó con el balón en la red. El gol, en la incertidumbre, fue atribuido a Cattaneo. El partido terminó así con un 4-2 a favor del Génova, un marcador que solo satisfizo parcialmente al equipo local: según los periodistas italianos, la diferencia de goles no había sido mayor solo por el gran día de Bokšay y la ausencia de Bertoni.

Un síntoma de la reputación que el Génova había adquirido a lo largo de los años a nivel europeo fue lo que ocurrió en los días previos al partido de Praga: las entradas para el encuentro se agotaron rápidamente y las autoridades locales se esforzaron por frenar la venta de entradas. El Génova, que

---

126   Los genoveses se quejaron del juego desleal de sus rivales, y los periódicos italianos criticaron duramente el arbitraje del checoslovaco Vogl, que no expulsó a nadie.

llegó a la capital bohemia con el recuperado delantero centro Bertoni, fue recibido en la estación de Wilson por la dirección del Slavia, que había preparado una bienvenida similar a la de Italia.

El partido se disputó en el Stadion Letná, el estadio de grandes dimensiones que el Sparta había prestado a sus primos. El Slavia se lanzó inmediatamente al ataque y encontró el primer gol en el minuto diez por medio de Bican. Después, cuatro minutos más tarde, tras una acción personal de Nožíř, Bican dobló el marcador, devolviendo la diferencia de goles al empate absoluto. A pesar del juego limpio en la víspera, el partido se calentó: Bertoni, a punto de disparar hacia la portería, recibió una patada de Černý que le provocó una doble fractura de tibia. El delantero tuvo que abandonar el terreno de juego y fue trasladado de urgencia a un hospital militar de Praga. El Slavia jugaría el resto del partido con un hombre más. Se inició una refriega en la que Morselli, deseoso de vengar a su compañero, golpeó a Kopecký en la cara. Los nervios se crisparon y los funcionarios italianos entraron en el campo; la policía intervino y el partido se suspendió durante unos instantes. Pocos minutos después, Bican marcó su triplete personal, con el gol que marcó el avance: Vytlačil chutó hacia la portería y Bican envió el balón a la esquina opuesta con un desvío malicioso. El nerviosismo volvió a apoderarse del partido y provocó dos expulsiones, las de Morselli y Nožíř, que habían llegado a las manos. En el minuto 78, Bican completó la faena con un disparo lejano: 4-0, gracia del delantero, y los checoslovacos estaban en la final.

La Gazzetta dello Sport dedicó una columna en primera página al partido —resumiendo la eliminación del Génova y la Juventus a manos del Slavia y el Ferencváros—, y un artículo en la segunda página. En su columna, Erberto Levi sostenía que, mientras que la derrota por 9-0 sufrida por la Ambrosiana ante los bohemios se debía principalmente a las carencias de los italianos, la victoria por 4-0 de Bican y sus compañeros ante el Génova era fruto de una calidad superior. "Juegan demasiado bien", escribió Levi en referencia al Slavia. El artículo, sin embargo, era de otro tenor: no reconocía la grandeza de los checoslovacos, y escribía que la derrota, más que a una superioridad técnica, se debía a la violencia de los jugadores bohemios[127]. Sin embargo, los periódicos de todo el continente elogiaron la actuación de Josef Bican, que fue el protagonista absoluto del partido, pero también se mencionó a Bokšay, que en el primer cuarto de la segunda parte salvó su propia portería en al menos tres ocasiones. ¿Qué mejor respuesta a los que le decían desde hace tiempo "tú no eres Pláníčka"?

****

En la final, el Slavia se encontró con el vigente campeón, el Ferencváros. La alineación húngara era en gran parte la misma que la del año anterior, con tres jugadores que volvían de la decepción del Mundial, incluido el capitán

---

127   El artículo que aparecía en la segunda página no tenía firma.

Sárosi, que marcó un total de tres goles en la semifinal contra la Juventus.

Esta vez el Estadio Masaryk acogió el evento, al que asistieron unos 50 000 espectadores. El terreno de juego estaba al límite de lo practicable: debido a la lluvia que había caído con fuerza sobre la capital bohemia en los días anteriores, los dos equipos jugarían sobre una superficie embarrada e inestable. Entre los bohemios, Karol Daučík, hermano menor del capitán Ferdinand Daučík, sustituyó al descalificado Nožíř. En la víspera del partido, el periódico praguense Poledni List elogió al Ferencváros, y a Toldi en particular, como "un luchador indomable y un gran delantero que, a pesar de ser criticado a menudo, tiene un gran corazón y nunca se rinde. Un bastardo en el mejor sentido de la palabra".

El partido, afectado por el estado del terreno de juego, comenzó tranquilo. Luego, en el minuto 30, se produjo el primer episodio digno de mención: el joven Karol Daučík, visiblemente nervioso, derribó a un adversario fuera del área y en el siguiente centro Kemény cabeceó el balón para el 1-0. Pero cinco minutos después apareció Bican y, tras recibir el balón de Horák, disparó un torpedo imparable: 1-1. Al final de la primera parte, el Slavia dio la vuelta al resultado: Ferdinand Daučík se recuperó y lanzó el contraataque de Bican, que a su vez sirvió a Šimůnek para el 2-1. El primer tiempo terminó con el Estadio Masaryk desbordado de alegría.

A los pocos minutos de comenzar la segunda parte, Sárosi estrelló un balón en el poste antes que su compañero de equipo Kiss aprovechara el error de Průcha para igualar el marcador. Hacia el final, hubo grandes oportunidades para ambos equipos: primero Bican, una vez más desmarcado, sirvió a un Horák que, solo ante el portero, chutó a la grada; y luego, en el minuto 86, el disparo del húngaro Kemény se estrelló en el poste. Los minutos restantes transcurrieron en medio de la decepción del público de Praga. Mucho más contentos estaban los aficionados y los periódicos húngaros. Estos últimos elogiaron en particular la brillante actuación del joven Béla Sárosi, hermano del más famoso György. En Praga, para muchos, ese empate fue como una eliminación: ganar en la fortaleza del Fradi, con un Fradi en esas condiciones, parecía una hazaña al borde de lo imposible.

Toda Budapest se tiñó de verdiblanco en el último partido de la competición, el 11 de septiembre: jugadores, entrenadores y directivos de otros clubes de la capital expresaron su apoyo a Fradi. Ernő Scheer, directivo del MTK, fue entrevistado y dijo: "¡Nadie apoyará al Fradi tanto como yo!". El delantero del Újpest, Gyula Zsengellér, se hizo eco de sus palabras: "Como futbolistas sabemos lo difícil que es llegar hasta el final de la Mitropa, y por eso el Ferencváros merece el apoyo de todo el país".

El 11 de septiembre tuvo lugar el partido de clausura de la edición de 1938. El Slavia no tenía nada que perder y se lanzó al ataque desperdiciando dos cómodas ocasiones con Šimůnek y Vytlačil. Luego fueron los verdiblancos húngaros quienes tomaron la delantera y amenazaron la portería checoslovaca. Bokšay, en un buen día, se opuso tanto a Sárosi como a Toldi, confirmando que, aunque no era Plánička, tampoco se quedaba atrás.

En la segunda parte, un partido muy equilibrado se rompió después de que Josef Bican sirviera un balón desviado a Vytlačil: el delantero disparó desde una posición descentrada y puso a su equipo por delante. El Fradi atacó una y otra vez, poniéndoselo difícil a su rival, pero en un contraataque orquestado por Vytlačil, Šimůnek marcó un gol, decretando el definitivo e inamovible 2-0. En los siguientes 20 minutos no se produjeron más episodios significativos y, a pesar de ser un partido dominado por los húngaros durante gran parte —14-2 fueron los córneres—, Ferdinand Daučík pudo levantar el primer título europeo conquistado por el Slavia.

Fue una liberación, ya que el Slavia había participado en todas las ediciones de la historia de la competición sin conseguir nunca el título. Fue una doble final increíblemente emocionante a la que asistió un público fantástico a pesar de que los precios de las entradas eran incluso más altos que los de los partidos del Mundial. Jewell, el árbitro de la vuelta, propuso organizar un desafío entre los ganadores de la Mitropa y los actuales campeones ingleses de año en año. El éxito del Slavia se debió principalmente a un equipo que había multiplicado sus esfuerzos ese verano: como relataría el historiador checoslovaco Vladimír Zápotocký, todos, desde la dirección hasta los jugadores, habían trabajado duro para alcanzar la cima europea. Zápotocký afirmó que los jugadores acudían a los entrenamientos con antelación, recibían aumentos de sueldo y disfrutaban de bonificaciones con cada jornada. Pero un nombre destacaba por encima de todos, el de Josef Bican. Bican es conocido hoy en día según estadísticas oficiales y no oficiales como el mayor goleador de todos los tiempos[128]. Pět Tisíc Gólu, un libro publicado sobre el jugador en 1971, le atribuye más de 5000 goles, aunque estimaciones más realistas se detienen en 830. Sin embargo, un rápido vistazo a la clasificación de los mejores goleadores de todos los tiempos revela la presencia de delanteros que no solo eran hábiles para marcar goles, sino que también poseían un amplio repertorio técnico. En esta particular clasificación, Bican se sitúa en la misma mesa que Pelé, Puskás, Müller, Romario, Messi y Cristiano Ronaldo. Las crónicas de la época y los números de la delantera apuntan a una conclusión inequívoca: Bican, al igual que los campeones mencionados, era mucho más que un simple finalizador de jugadas. El delantero, que recibía el doble de las primas contractuales de sus compañeros, era uno de los pocos futbolistas del mundo que podía mover a las autoridades públicas, las instituciones y los consulados. En dos ocasiones durante la competición el delantero tuvo un problema: ¿cómo llegar a Italia para jugar los cuartos de final contra la Ambrosiana y la semifinal contra el Génova? Como todavía no había recibido su pasaporte checoslovaco y seguía registrado como ciudadano vienés, el jugador era potencialmente reclutable en las filas de la Wehrmacht. Dado que, en aquella época, los futbolistas viajaban en tren en sus desplazamientos, tanto Bican como la dirección del Slavia temían que los camisas pardas asaltaran el tren, detuvieran al jugador y lo llevaran de

---

128   Su récord está a punto de ser superado por Cristiano Ronaldo.

vuelta a Viena. La estratagema era la siguiente: a través de sus consulados, Slavia pudo sobornar a las autoridades yugoslavas e italianas para que Bican pudiera viajar a Italia en barco desde Split. Así, en dos ocasiones, el delantero se reunió con sus compañeros tras llegar a Italia. Durante los años de la guerra, cuando Checoslovaquia pasó a estar bajo la influencia alemana y fue rebautizada con el nombre de Protectorado de Bohemia y Moravia, los nazis intentaron convencer repetidamente a Bican para que se uniera a la selección nacional del Reich. Su plan habría sido organizar la Copa del Mundo en 1942 —un proyecto difícilmente viable, ya que había guerra— y alinear a Bican junto a estrellas como su antiguo compañero Binder y el polaco Ernst Willimoski. Josef Pondělik, autor de Pět Tisíc Golů —Más de mil goles—, cuenta su versión de los hechos, afirmando que en un café de Praga, el bar Lucerna, unos camaradas nazis le interceptaron para convencerle de que se hiciera ciudadano alemán y jugara en la selección nacional. Sin embargo, el futbolista se habría negado. Vladimír Zápotocký, otro historiador del fútbol, confirma la negativa del jugador, pero propone una reconstrucción diferente de los hechos: según él, la escena del bar Lucerna nunca tuvo lugar. Sepp Herberger, el entrenador alemán, habría trabajado con Rudi Gramlich, futbolista del Eintracht de Fráncfort, que visitaba a menudo Praga porque conocía a una atleta local que más tarde sería la madre de dos de sus hijos. Gramlich también era un admirador del Slavia, y en más de una ocasión se reunió con Bican e intentó convencerle de que se uniera a la selección de Herberger. Bican siempre dijo que no, alegando el impacto de la pérdida de su primera esposa, una chica con la que se había casado y que murió un año después. Sin embargo, años más tarde diría: "Soy checoslovaco, y si me hubiera hecho alemán, mi padre se habría revuelto en su tumba"[129].

El nombre de Bican ha vuelto a ser noticia en los últimos años, tanto a nivel mundial como local. A nivel mundial, la discusión sobre el número de goles es acuciante, siendo el delantero —números oficiales y extraoficiales en mano— considerado como el mayor goleador de todos los tiempos, récord adquirido principalmente por sus logros durante los años de la guerra. A nivel local, sin embargo, la gigantesca imagen del delantero, aunque el jugador es unánimemente considerado una leyenda del club, no aparece en el estadio Sinobo, antes llamado Edén Aréna y actual sede de juego del Slavia desde 2011. Iván, el hijo, quería que se retirara ya que no le gustaba el cambio de titularidad a un presidente que, según él, no gozaba precisamente de un pasado cristalino.

---

129   Josef Bican no fue el único jugador que rechazó una convocatoria de Alemania. Matthias Sindelar, por ejemplo, había rechazado la convocatoria de Sepp Herberger por sus continuos problemas de rodilla.

CAPÍTULO 14

1939 – BÉLA GUTTMANN: TODOS LOS CAMINOS LLEVAN A BUDAPEST

El 30 de septiembre, poco después del final de la edición de 1938, Europa había dado un paso más hacia el infierno. En Múnich, Hitler, Mussolini —que había empezado a intensificar sus relaciones con el Führer— y Chamberlain se reunieron y firmaron un tratado de paz. La condición impuesta por Hitler fue la anexión al Tercer Reich de los Sudetes, una región de Checoslovaquia poblada por unos tres millones de ciudadanos de origen germánico. De vuelta a Inglaterra, Chamberlain se mostró entusiasmado con el acuerdo alcanzado: sabía que la preservación de la paz solo podía lograrse haciendo algunas pequeñas concesiones a los alemanes. Sin embargo, las esperanzas del Primer Ministro británico pronto se verían frustradas.

Más o menos al mismo tiempo que el Acuerdo de Múnich, la Italia de Mussolini aprobó las Leyes Raciales: anunciadas el 18 de septiembre de 1938, entraron en vigor casi dos meses después. Las medidas discriminatorias contenidas en el texto aprobado por el Consejo de Ministros se asemejan en gran medida a las que se habían promulgado en Alemania en 1933, y en Austria desde el Anschluss. Inevitablemente, ni siquiera el deporte fue inmune: Erberto Levi, periodista judío e histórico redactor de La Gazzetta dello Sport, a quien debo mucho[130], fue eliminado del Registro de Periodistas de Milán ese mismo día, junto con tres colegas de otros periódicos: Fiorenza Della Pergola, Giuliano Gerbi y Gustavo Weill-Schott[131]. Una de sus últimas columnas apareció el 3 de agosto y se refería a las semifinales de la Mitropa entre el Slavia y el Génova, y el Ferencváros y la Juventus. La misma suerte corrieron algunos entrenadores y directivos judíos: Árpad Weisz, que había estado a punto de ganar la Mitropa en 1933 con la Ambrosiana, hizo las maletas y se dirigió a Francia, y Ernő Egri Erbstein, que había conseguido quedarse unos meses más cambiando el Lucchese por Turín, una de las ciudades más opuestas al régimen, también se vio obligado a huir. Había llega-

---

130   Varias de las crónicas que he podido analizar han sido publicadas por su pluma.

131   Quiero dar las gracias a Enrico Serventi Longhi por la información.

do a un acuerdo con el Feyenoord, pero el tren que le llevaba a Países Bajos fue detenido en la frontera alemana y se prohibió el regreso del autocar. Así que regresó a su ciudad natal, Budapest, donde pasaría los años de guerra. Aunque la opinión generalizada es que el tema de la raza en la retórica y la propaganda del régimen había surgido a partir de las campañas coloniales de 1936 en Etiopía, para analizar mejor el fenómeno es necesario dar unos pasos atrás: el 10 de noviembre de 1938, en vísperas de la promulgación de las Leyes Raciales, un artículo publicado en la portada de Il Corriere della Sera reivindicaba con gran orgullo las posiciones adoptadas por el Duce sobre el problema judío —tal como se definía— en 1919[132]. No eran ideas que difirieran mucho de lo que Adolf Hitler había escrito en Mein Kampf: Mussolini afirmaba que el peligro judío estaba relacionado con el peligro bolchevique, y que los judíos, para "favorecer el crecimiento del gueto", conseguían sabiamente conservar, acumular, destruir y dispersar bienes a través de sus banqueros. Los primeros años de la década de 1920 se caracterizaron por un proceso de fascistización gradual del Estado, que culminó con diversas formas de acoso a las minorías étnicas y lingüísticas del norte de Italia. El tema de la raza reaparecería una y otra vez, como por ejemplo el 1 de junio de 1934, cuando el Duce pronunció un discurso, posteriormente elogiado por el Völkischer Beobachter, en el que apelaba a las naciones europeas para que no siguieran el ejemplo de Francia y su política colonial, o la dominación de los pueblos no europeos. La escalada continuaría: por un lado Mussolini se contradiría invadiendo Etiopía y por otro se aliaría con Adolf Hitler. El Pacto de Acero, firmado el 22 de mayo de 1939, precedió en dos meses a la invasión nazi de Checoslovaquia. Este país, al igual que Austria, dejaría de existir como nación independiente y se convertiría en el Protectorado de Bohemia y Moravia.

Naturalmente, los acontecimientos políticos repercutieron en los eventos deportivos: al principio se decidió excluir a los equipos de la antigua Checoslovaquia e invitar a dos equipos polacos o eslovacos, ya que Eslovaquia había permanecido independiente. El comité decidió finalmente volver a adoptar el formato de ocho equipos y aceptar los equipos de Praga.

✳✳

En Hungría, las Leyes Raciales habían aparecido dieciocho años antes, entre 1919 y 1920, al final del período de dos años más conocido como el Terror Húngaro Blanco. El régimen socialista de Béla Kun[133] había sido derrocado y el poder había pasado a manos del antiguo almirante Miklós Horthy, cuyas inclinaciones antisemitas eran notorias. La primera ley discriminatoria se denominó numerus clausus y restringía la presencia de estudiantes judíos en las instituciones públicas húngaras. Aunque el texto no nombraba explíci-

---

132   El artículo apareció el 4 de junio en *Il Popolo d'Italia*.

133   Nació como Abel Kohn.

tamente a los judíos como grupo étnico, decía: "La proporción de miembros de los diversos grupos étnicos y nacionales en las instituciones debe representar la proporción de estos grupos en la población". Muchos judíos —ahora el principal objetivo de la propaganda del antiguo almirante— habían decidido hacer las maletas y trasladarse a otro lugar.

Uno de ellos era un joven de 20 años, Béla Guttmann, un centrocampista con grandes esperanzas que había decidido, junto con su hermano Armin, trasladarse a Újvidék, la actual Novi Sad, una ciudad que había quedado bajo control yugoslavo al final de la Gran Guerra. Aquí fundaron una escuela de danza, pero meses después, a principios de 1921, regresaron a Budapest. La situación para los judíos parecía haberse calmado, y Guttmann había decidido aceptar una oferta del MTK, el equipo que dominaba el fútbol magiar en ese momento. Luego, en 1922, debido sobre todo a las fricciones con el entrenador Burgess, decidió abandonar de nuevo Budapest, esta vez con destino a Viena. Había encontrado un contrato con el Hakoah, un club judío y sionista que solo permitía jugadores judíos en sus filas y que en aquellos años se convertiría en el destino favorito de varios atletas judíos húngaros[134]. El Hakoah había llegado a la primera división en 1920, en 1921 terminó cuarto y en 1922, al final de la primera temporada de Guttmann, segundo; y luego, tras dos temporadas en mitad de la tabla, Guttmann y sus compañeros ganaron el primer y único campeonato de la historia del club. El Hakoah, que a lo largo de los años había organizado varias giras para recaudar fondos para financiar sus actividades y la causa sionista, viajó a Estados Unidos en abril de 1926, y al final del viaje nueve jugadores, entre ellos Guttmann, fueron convencidos por los dos principales clubes de Nueva York para que se establecieran en el Nuevo Mundo, donde recibirían salarios inimaginables para los estándares europeos. No cabe duda de que, para muchos, establecerse en Nueva York era también una forma de escapar del clima antisemita de toda Europa. En total, Guttmann pasó seis temporadas en Estados Unidos y luego, en 1932, decidió volver a Europa. Esta decisión, tomada solo unos meses antes de que Adolf Hitler llegara al poder, se debió en gran medida al colapso de la bolsa de Wall Street en diciembre de 1930. Inevitablemente, aunque los ahorros de muchos ciudadanos judíos se habían dilapidado, incluidos los de Guttmann, los banqueros judíos, que en su día fueron el único objetivo de la propaganda europea, también fueron objeto de críticas en Nueva York.

De vuelta a Viena, Guttmann hizo las paces con la dirección del Hakoah, jugó algunos partidos amistosos con el equipo blanco y azul[135], y en 1933 consiguió su primer contrato como entrenador. Pasó dos temporadas poco estimulantes en el Hakoah y luego, en 1935, gracias a la intercesión de Hugo Meisl, fue contratado por el equipo holandés Enschede, equipo que con el

---

134   El Hakoah era un club polideportivo que abarcaba varias disciplinas, no solo el fútbol.

135   El uniforme de la Hakoah tenía los colores del movimiento sionista.

paso de los años cambiaría su nombre por el de Twente. Tras una excelente primera temporada, el Enschede no pudo repetirse y Guttmann, que había llegado a las manos con el presidente por motivos contractuales, aceptó una nueva oferta del Hakoah. Sin embargo, en 1937, con el Anschluss a la vuelta de la esquina, los problemas de unos años antes volvieron con mayor intensidad. Gracias a Guttmann, Hakoah, que entretanto había vuelto a la segunda división, comenzó a ascender hacia la primera división hasta que las tropas alemanas entraron en Viena. El club fue desmantelado y Guttmann, que había obtenido uno de los pocos visados disponibles para que los ciudadanos húngaros emigraran a Estados Unidos, regresó a Nueva York, pero por razones desconocidas solo unos meses después volvió a Budapest, donde fue contratado por el Újpest. Guttmann no tenía un buen currículum, pero sí algunos contactos importantes: era amigo de László Sternberg, el entrenador que le hizo un hueco y con el que había compartido unos años en Nueva York. Sternberg, al ver que la situación se deterioraba[136], había decidido marcharse de nuevo a América.

****

En Újpest, Guttmann ganó el campeonato de Hungría, su primer título como entrenador. El Újpest, que ya había ganado la edición de 1929 de la Mitropa, había levantado otros cuatro títulos nacionales a lo largo de los años y el quinto llegó ese año. Por ello, el equipo de Lilák volvió a clasificarse para la Mitropa. La estrella indiscutible del club era Gyula Zsengellér, apodado Ábel[137], que formó un tándem de ensueño con Sárosi en la selección. El delantero había sido el máximo goleador de la liga en 1937/38, y había crecido enormemente gracias a Guttmann y al juego ofensivo del entrenador, terminando el campeonato con 56 goles —más de la mitad de los goles de su equipo en el torneo— en solo 26 partidos. Otro récord curioso que ostenta es el de haber sido el primer jugador europeo en llevar el número diez: el 26 de octubre de 1938, con motivo del 75º aniversario de la Football Association, se disputó un partido entre Inglaterra y el resto de Europa. Los jugadores llevaban los números del 1 al 11, una primicia, y Zsengellér y el inglés Goulden llevaban el número diez, un número que no tenía el mismo significado en aquella época que hoy.

Los cuartos de final enfrentaron al Újpest con la Ambrosiana, ganador de la Coppa Italia. Los equipos ya se habían enfrentado en 1930 y el partido no terminó hasta el final de la segunda eliminatoria. Meazza, que había sido decisivo contra los húngaros años atrás, tuvo que quedarse fuera esta vez debido a una lesión sufrida en la final de un torneo amistoso internacional

---

136   Horthy había emitido otra ley antijudía.

137   El apodo proviene del protagonista de las novelas del escritor Áron Tamási, que al futbolista le encantaban.

contra Hungría[138], al igual que su compañero Locatelli. El partido de ida tuvo lugar al mismo tiempo que otro acontecimiento deportivo: la inesperada y sorprendente victoria por 9-0 del Admira en la final de la liga alemana contra el Schalke[139].

El partido de ida se disputó el 19 de junio en Milán, concretamente en el Arena Civica, ante 10 000 espectadores. Los nerazzurri se lanzaron al ataque y los húngaros, acorralados, capitularon a los 17 minutos: un gol de zurda de Demaría, después de que el balón había entrado en el área luego de que la defensa rival rechazara un centro de Ferraris II. Seis minutos más tarde, para coronar un dominio casi total, Guarnieri, atrapado por los dos laterales húngaros, se resistió y metió en la red un centro raso de Frossi. La Ambrosiana siguió atacando, y primero Frossi y luego Guarnieri faltaron increíblemente a la cita con el gol ante el guardameta magiar Sziklai, que parecía ya resignado a no dejar pasar la pelota. En el minuto 34, la Ambrosiana fue burlada en el contraataque por los jugadores Kállai y Vincze. Este último, a pocos pasos del portero Sain, marcó el gol del 2-1.

La segunda parte no fue tan animada: comenzó con la Ambrosiana presionando de nuevo durante unos treinta minutos, pero luego, en la última parte del partido, fue el Újpest quien estuvo a punto de empatar en al menos dos ocasiones. Por alguna razón, tal vez por error, el árbitro inglés Worth pitó el final del partido dos minutos antes.

Entre los italianos dominó la frustración por la baja diferencia de goles. Los periódicos italianos, conscientes de la inexperiencia de muchos de los jugadores nerazzurri, se mostraron pesimistas ante el viaje a Budapest. Ferenc Langfelder, presidente de Újpest, calificó el reto de "duro, pero justo". Exactamente una semana después, los dos equipos volvieron a enfrentarse en Budapest, esta vez con la Ambrosiana con la plantilla completa. A su llegada a Budapest, los jugadores de la Ambrosiana recibieron un regalo inusual de Langfelder: una estatuilla que representaba a un pastor de luto. Cuando los italianos preguntaron por el significado de este regalo, Langfelder respondió: "Esta estatua nos representa, ya que nos ganaron en Milán, pero el domingo por la noche podría representaros a vosotros".

Ante 8000 personas, el Újpest se lanzó inmediatamente al ataque, y los primeros minutos aumentaron los remordimientos de los italianos por lo sucedido en el partido de ida: en el minuto cinco, Kállai, tras una carrera de Ádám, que había superado a Campatelli y Demaría, marcó e igualó el marcador. La Ambrosiana no perdió el norte y creó dos ocasiones claras, primero con Ferraris II y luego con Frossi, que, tras una escapada por la de-

---

138   El torneo se celebró a principios de junio y en él participaron Italia, Hungría, Suiza, Yugoslavia, Rumanía y un representante italiano (una especie de Italia B). Italia derrotó a Hungría por 3-1 en la final.

139   En Viena se hicieron todo tipo de acusaciones sobre ese resultado y durante los meses y años siguientes, cada vez que una formación austriaca se enfrentaba a una alemana, se producían enormes problemas de orden público.

recha, batió al portero rival. Los italianos también se quejaron de algunos penaltis por fuera de juego pitados por el árbitro Dale, que según ellos eran inexistentes. Sin embargo, esa era una de las características del Újpest de Guttmann: la capacidad de la defensa para levantarse. El último suspiro de la primera parte llegó con un disparo a bocajarro de Zsengellér que el portero italiano desbarató.

La segunda parte comenzó con los húngaros acercándose al 2-0 con Ádám y Zsengellér, pero ambos fallaron por poco. En una repentina reanudación de los italianos, en el minuto 79, Ferraris II, tras recoger un centro de Frossi desde la derecha, congeló al público de Budapest: 1-1 y la clasificación aparentemente congelada. El Újpest, también gracias a la presión de la afición, disparó sus últimas balas y dio vida a un último ataque: primero Zsengellér marcó el 2-1 a pase de Vincze, y luego, en el minuto 89, Géza Kocsis disparó un torpedo desde unos 15 metros que dio en el larguero y volvió al campo. Para los italianos no había traspasado la línea de gol, para los húngaros sí, y el árbitro fue de la misma opinión, por lo que, una vez validado el gol, fue abrazado y besado por el húngaro Ádám. De este modo, Guttmann y su equipo consiguieron milagrosamente la clasificación en el último momento. El entrenador húngaro se había quedado sin voz y solo hablaba con gestos. Aparte de la controversia que rodeó al último gol y de las dudosas decisiones de fuera de juego en contra de los italianos, más o menos todo el mundo —Langfelder, Pelikan y varios periódicos italianos— estuvieron de acuerdo en que los Lilák merecían su éxito por las numerosas ocasiones que habían creado ese día. Meazza no parecía estar en gran forma, probablemente debido a la lesión que había sufrido en los días anteriores. El partido de Újpest, que supuso el debut de la estrella italiana en competición europea con la Ambrosiana, fue también el final de su carrera: fue su última aparición internacional con la camiseta nerazzurra.

****

La principal sorpresa de los cuartos de final fue, sin duda, la eliminación del defensor del título, el Slavia, para muchos el favorito para la victoria final. Fueron eliminados por el Beogradski, el equipo que se enfrentaría al Újpest en la siguiente ronda. El Beogradski —o BSK— ya no era el equipo inexperto al que años atrás habían vapuleado el Hungária y el Ferencváros; era un equipo cuya experiencia había crecido considerablemente y en el que brillaban las estrellas ya maduras de los yugoslavos: Marjanović y Vujadinović. El BSK afrontaba la eliminatoria a doble partido consciente de que, dada la actuación poco estelar del Újpest en los cuartos de final, el encuentro sería abierto y muy disputado. Guttmann, por su parte, mostró su confianza. En los días previos al partido dijo a los periodistas: "Si empatamos o ganamos por un gol, os permito escribir mi nombre en letras pequeñas. Y si quieres, también puedes omitir la letra 'u'". Al fin y al cabo, así era Guttmann, tanto en la vida como en el terreno de juego: un arriesgado que buscaba, y

quizás amaba, el protagonismo. Por su relación con los periodistas y su estilo comunicativo, Herrera y Mourinho fueron comparados con el, aunque el fútbol de Guttmann era mucho más ofensivo. Una vez dijo: "No me importa si mi rival marca, porque siempre pienso en marcar un gol más".

Al día siguiente, el nombre de Béla Guttmann aparecería en los periódicos húngaros sin cambios, a pesar de que el partido terminó 4-2 a favor de los yugoslavos. Božović, que marcó un triplete, fue el mejor hombre sobre el terreno de juego y la estrella del partido. Los hombres de Guttmann empezaron de la misma manera que contra la Ambrosiana: encajaron dos goles en los primeros minutos y luego, solo cuando necesitaban remontar, se pusieron en marcha. Géza Kocsis puso el 2-1 en el marcador antes del descanso, pero ya en la segunda parte los húngaros decepcionaron. Con el 4-1 en el marcador, Zsengellér consiguió limitar los daños con un penalti en el minuto 53. El BSK logró posiblemente la mayor hazaña de su joven historia internacional al infligir una derrota por 4-2 a un equipo con una tradición y un calibre muy superiores. Según los conocedores, el marcador fue estrecho para los yugoslavos. Guttmann habló de un "mal día", afirmando que su equipo lo compensaría en el partido de vuelta, mientras que Langfelder elogió a los jugadores rivales señalando que se merecían su reputación. Pero la contienda, por supuesto, no estaba ni mucho menos decidida.

solo cinco días después, los dos equipos se enfrentaron en el partido de vuelta. El Beogradski se mostró tan feroz como en el partido de ida y casi inmediatamente inquietó al portero húngaro con un disparo lejano, antes de adelantarse con un remate desde 25 metros de Matošić II. Ahora había una diferencia de tres goles, un margen considerable teniendo en cuenta lo visto en el campo hasta ese momento. El Újpest también llevó a los centrocampistas al área, pero desperdició varias oportunidades favorables hasta que, a falta de dos minutos para el final de la primera parte, Vincze igualó el marcador y reabrió la carrera por la clasificación.

En el descanso, Guttmann reanimó a su equipo y el Újpest volvió al terreno de juego más motivado: en el minuto 49, Zsengellér hizo el 2-1 con un maravilloso chut de revés, y en el 62, de nuevo gracias a su estrella, los húngaros se pusieron 3-1 arriba y la diferencia de goles se igualó. Zsengellér marcó su triplete en el minuto 74 y, en lugar de reaccionar, el Beogradski se derrumbó: entre los minutos 74 y 88 el marcador se convirtió en un 7-1. Zsengellér marcó cinco goles, el único en la historia del torneo. El Újpest llegó a la final y Guttmann, que nunca se anduvo con chiquitas, dijo ante los micrófonos: "Había dicho que si el Beogradski hubiera llegado a la final habría dejado de entrenar, pero estoy agradecido a mis jugadores porque gracias a esta victoria seguiremos trabajando juntos". También alabó el arbitraje del italiano Barlassina, que, en el minuto 83, expulsó a dos jugadores, el húngaro Ádám y el yugoslavo Stojiliković, por enzarzarse en una pelea después de que el delantero del Újpest diera una patada al portero rival.

****

En la final los Lilák encontraron al Fradi. Era la segunda final en la historia del evento entre dos equipos del mismo país. El Ferencváros, que había estado entre los finalistas los tres últimos años, era el favorito de los pronósticos y había eliminado por el camino a gigantes como el Sparta y el Bologna. El factor decisivo en el partido de vuelta contra los italianos fueron los cuatro goles marcados por Toldi, uno de los mejores jugadores de Hungría, que se había tenido que perder los partidos anteriores por lesión. La actuación de Toldi se celebró al día siguiente en los periódicos de Budapest con titulares entusiastas como: ¡Toldi! ¡Toldi! ¡Toldi! y Toldi Gésza - Bologna 4:1.

El partido de ida, disputado el 23 de julio, fue oficiado por el árbitro bohemio Krist. Al filo del descanso, los hombres de Guttmann triunfaban 2-0: primero Zsengellér marcando de cabeza, y luego Kocsis aprovechando un resbalón del defensa rival Tátrai. En el minuto 44, Kocsis volvió a marcar, pero el árbitro, tras consultar con el juez de línea, anuló el gol alegando que el balón no había entrado. La primera parte terminó con un 2-0, con los hombres de Guttmann controlando el partido.

En el minuto 53, Kocsis hizo el 3-0 tras un despeje en corto de Háda. Los Lilák bajaron el ritmo y el Fradi aprovechó la oportunidad para volver a meterse en el partido: Sárosi marcó en el minuto 73, pero solo un minuto después un cabezazo de Zsengellér puso el 4-1. Langfelder declaró: "Nuestra superioridad fue mayor de lo que dice el marcador, así que no estoy muy contento con el 4-1, aunque el equipo ha jugado bien hoy". Hlavay, el entrenador del Fradi, dijo que estaba muy decepcionado con la actuación de su equipo, a excepción de Toldi, que había luchado con toda su energía. La diferencia de tres goles no era en sí misma un margen insalvable, no para un equipo que jugaba su tercera final consecutiva, siempre que los verdiblancos cambiaran de marcha.

El derbi húngaro volvió a disputarse el 30 de julio, esta vez en Megyeri úti, la casa del Újpest. Los Lilák presentaron la misma alineación que en el partido de ida, mientras que su rival cambió tres jugadores, incluido el portero Háda. El partido comenzó con un violento choque en el minuto diez que obligó al árbitro italiano Dattilo a interrumpir el juego durante unos minutos. Luego se reanudó el juego con el Fradi proyectado hacia adelante. El cabezazo de Toldi en un saque de esquina fue a parar a la mano del defensa rival Balogh. El balón parecía haber cruzado la línea de gol, pero no para el árbitro, que señaló el punto de penalti. Kiszely, que sustituyó a Sárosi desde el punto de penalti por el error de este ante el Bologna, transformó el gol para poner a su equipo por delante y encarrilar la contienda. Tras unos minutos muy disputados, fue Kiszely quien volvió a marcar para el Fradi: el delantero recogió un centro desde la derecha de Kállai y, libre de marca, paró el balón y lo introdujo en la red con un disparo.

En el minuto 54, el Újpest acortó distancias cuando Ádám se encontró libre en el segundo palo y puso un centro desde la izquierda. Gracias al entusiasmo y a una mejor condición física, los hombres de Guttmann pudieron mantener el balón en sus manos y en el minuto 82 se vieron recompensados con el gol del 2-2. Balogh, el defensa que había provocado el penalti, recogió un desvío de la defensa rival y lanzó un impresionante disparo a la portería contraria desde 30 metros. El telón de la competición bajó: Futó, el capitán del Újpest, levantó la copa y fue llevado en volandas por sus compañeros. La estrella que más brilló ese año fue sin duda la de Zsengellér. Unos seis años más tarde, el delantero protagonizaría una asistencia de gol, para un joven Ferenc Puskás, que años más tarde sería una de las grandes estrellas del fútbol mundial: el 20 de agosto de 1945, en el minuto 12 de un partido amistoso entre Hungría y Austria, dio una asistencia al recién llegado Ferenc Puskás para que marcara su primer gol con la selección. Era el segundo partido internacional que jugaba Hungría desde el final de la guerra. "¡Ocsi, rúgd be!" —¡Dispara, Öcsi!—[140], le gritó, al parecer, el compañero más veterano del equipo.

El Újpest, al igual que el Bologna, el Austria Viena y el Ferencváros, añadió una segunda Mitropa a su palmarés. Una alegría que se vería drásticamente atenuada apenas un mes después: el 1 de septiembre de 1939 Alemania invadió Polonia y dos días después se declaró la guerra.

---

140   Öcsi era uno de los apodos de Puskás.

CAPÍTULO 15

1940 - EL VIEJO CONTINENTE BAJO EL FUEGO

El avance alemán continuó sin cesar. A principios de 1940, la Wehrmacht había invadido Dinamarca, Noruega, Holanda, Bélgica y el norte de Francia. El 10 de junio, el mismo día del ataque alemán a Gran Bretaña, Italia entró en la guerra del lado de Alemania.

A pesar de que Europa estaba a un paso de la Segunda Guerra Mundial, los campeonatos de fútbol del continente habían terminado sin problemas. Italia ya había tomado su decisión a finales de febrero: no participaría en la nueva edición de la Mitropa. En las páginas de Il Corriere della Sera se hablaba de "suspensión para el año en curso", lo que demuestra que la percepción de una guerra de varios años estaba muy lejos en aquel momento. Sin Italia, Austria y Checoslovaquia, las dos últimas eliminadas de los mapas, el evento se limitó a Hungría, Rumanía y Yugoslavia. Por razones obvias, entre las que destacan el escaso aforo de las sedes rumana y yugoslava, además de la inminente guerra, esta fue la edición menos vista de la historia de Mitropa[141]. El torneo, cuyo inicio pareció una exageración para muchos, no llegó hasta el final: se interrumpió antes de la final, que debía disputar el Ferencváros —la cuarta final del Fradi en los últimos cuatro años— y el Rapid de Bucarest. Esto se debió a las reclamaciones territoriales de Hungría sobre Rumanía, lo que llevaría a la invasión del norte de Transilvania por parte de las tropas húngaras aproximadamente un mes después. Era el fin de una era que había durado solo 13 años y que había dado a los espectadores europeos la oportunidad de desarrollar su pasión por el fútbol en una perspectiva más internacional. El entusiasmo del público a gran escala, la asistencia a los estadios y los ingresos resultantes hacían pensar que, en cuanto llegaran tiempos mejores, se repetiría el experimento de Hugo Meisl. Pero los tiempos mejores no estaban precisamente a la vuelta de la esquina: en los cinco años siguientes el Viejo Continente se convertiría en un infierno. Los que más sufrieron fueron los periodistas, directivos, entrenadores y jugadores judíos atrapados en Europa.

---

141   Desde la salida de los equipos austriacos se observa una drástica pérdida de interés.

Sería imposible volver sobre los pasos de cada uno de los protagonistas, ya que ninguna nación europea se salvó de la barbarie nazi, pero me detendré en las historias de algunos personajes que, en distintos niveles y grados, hicieron su aparición en el escenario de Mitropa.

Unos meses después de su expulsión del Registro de Periodistas de Milán, Erberto Levi[142], tras una breve estancia en Londres, huyó a Estados Unidos, concretamente a Nueva York. Al llegar al Nuevo Continente, decidió cambiar no solo su vida, sino también su identidad: adoptó el nombre de Erberto Landi y se despidió de los reportajes de fútbol. En parte, podemos suponer que fue una elección forzada: su inglés no le habría permitido, sin duda, escribir para un periódico estadounidense. Pero también había una segunda razón: el poco atractivo del fútbol estadounidense. Tras el auge de los primeros años de la década de 1920 y los primeros de la de 1930, una época conocida como la Edad de Oro del Fútbol Americano, el fútbol había dejado de despertar interés. Así que Levi decidió tomar un nuevo camino y, tras unos años trabajando para Pettinella Advertising, una agencia de publicidad que promocionaba productos italianos en Estados Unidos, se reinventó como presentador de radio. Fue contratado por varias emisoras italianas con sede en Nueva York, como WCNW, WBNX, WHOM y WOV, y durante los años de la guerra también colaboraría con la Oficina de Información de Guerra, fundada por Roosevelt. Sus actividades no han pasado desapercibidas, sobre todo cuando salió a la luz su pasada pertenencia al Partido Nacional Fascista. Se llevó a cabo una investigación que no tuvo consecuencias, y Levi pudo reanudar sus funciones con normalidad. También empezó a presentar un programa de radio con su amigo y antiguo colega Giuliano Gerbi, que había llegado a Nueva York vía París y Bogotá. Luego, a partir de los años 50, Levi volvería a reciclarse: se convertiría en un empresario de éxito en los campos de la música y el cine, e importaría el Festival de San Remo a Nueva York en 1960, presentando al público estadounidense a varios artistas italianos, entre ellos un joven Domenico Modugno. Moriría en Nueva York el 10 de octubre de 1971 a la edad de 63 años, y aunque fue uno de los escritores deportivos más importantes de los años de entreguerras, su recuerdo se ha desvanecido casi por completo.

Las Leyes Raciales fueron también la razón por la que Jenő Konrád, el entrenador que ganó la Mitropa en 1936 con el Austria Wien, abandonó Italia: en 1937 había empezado a trabajar para el Triestina y luego, obligado a hacer las maletas, se había trasladado a Francia. Encontró trabajo en el desaparecido equipo Olympique Lillois y, al llegar a París, consiguió rápidamente un permiso de residencia para su esposa Grete y su hija Evelyn. Konrád había comenzado su aventura francesa con buen pie, pero luego, por las razones habituales, él y su familia tuvieron que abandonar también Lille. Se trasladaron a Portugal, donde el húngaro, cuya reputación de gran entrenador era

---

142   Levi nació con el nombre completo de Giacobbe Erberto Minetto Levi y era originario de Savigliano, una ciudad de la provincia de Cuneo.

bien conocida, fue fichado por el Sporting de Lisboa, pero solo un par de meses después la familia decidió abandonar definitivamente Europa en favor de un refugio más seguro: Nueva York. Aquí Konrád se despediría del mundo del fútbol. Fue contratado por Singer, una empresa de máquinas de coser, y más tarde se convirtió en empresario de la industria textil. Kálmán, su hermano, protagonista involuntario del "Caso Konrád" descrito en el capítulo de la edición de 1927, pasó por dificultades similares: el 30 de septiembre de 1938, cuando Alemania invadió los Sudetes, el exjugador se encontraba en Brno como entrenador del Židenice. Peter Brie, un periodista checoslovaco que se había trasladado a Suecia y con el que Konrád había estado en contacto, decidió ayudarle consiguiendo una plaza en el equipo del Örebro. Kálmán consiguió salvarse y su familia se reunió con él en Escandinavia tras un agotador proceso burocrático de obtención de visados. Pero todas sus posesiones —incluida la valiosa colección de sellos de Kálmán— no sobrevivieron al viaje. Su esposa Gertrud lo descubrió en cuanto empezó a deshacer el equipaje: los nazis se habían deshecho del contenido. Al menos, Suecia era un salvavidas y un lugar donde el entrenador podría continuar su carrera durante otros 17 años.

Árpád Weisz y su familia habían llegado a Países Bajos a través de Francia, el destino favorito de varios futbolistas judíos que huían de los países vecinos. En Países Bajos, el entrenador había firmado un contrato con el Dordrecht, el club donde Jimmy Hogan había dado sus primeros pasos en la Europa continental unos 30 años antes. Debutó en lo que no era más que una liga amateur el 2 de octubre de 1939 y llevó al Dordrecht al quinto puesto de la tabla, un récord para el club, antes de que el ogro nazi empezara a cernirse sobre Países Bajos. A pesar de que el acoso a los judíos se hizo notar de inmediato, Weisz pudo seguir entrenando durante algún tiempo y volvió a quedar quinto. Pero los nubarrones políticos empezaron a acumularse y el 29 de septiembre de 1941 el entrenador tuvo que abandonar el banquillo: llegó a la sede de Dordrecht una carta en la que se ordenaba a la dirección del club prescindir de los servicios del entrenador y no emplearlo en ningún otro puesto. Fue el principio del fin: las prohibiciones y restricciones se hicieron cada vez más estrictas, y el 2 de agosto de 1942 la familia Weisz fue sacada de su casa en Bethlehemplein 10 y deportada a Auschwitz vía Westerbork, un campo de tránsito a unos 200 kilómetros de Dordrecht. Desde aquí, exactamente dos meses después, su esposa Ilona y sus hijos Roberto y Clara fueron enviados directamente a las cámaras de gas. Weisz llegó al campo de Cosel antes de llegar a Auschwitz, donde murió de hambre y frío el 31 de enero de 1944, 16 meses después.

En el panorama del fútbol italiano de aquellos años parece haber un caso, un misterio de un jugador-entrenador húngaro capaz de colarse en la historia. Se trata de Janós Nehadoma. El nombre de Nehadoma me llamó la atención mientras analizaba las crónicas de los partidos de la Fiorentina durante la edición del 1935. Janós Nehadoma, hermano de József Nehadoma, este último abanderado del Kispest e ídolo de un niño, Öcsi, que no era otro que

Ferenc Puskás, había llegado a Italia en 1925 y había tenido que abandonar el país en cuanto se introdujo el límite impuesto por la Carta de Viareggio a la compra de jugadores extranjeros. Se trasladó a Estados Unidos y jugó en el Brooklyn Hakoah. Esto sugiere que Nehadoma era judío, ya que los clubes de Hakoah —el principal, el de Viena, que hemos mencionado a lo largo de las páginas anteriores— solo admitían jugadores judíos. Sin embargo, debido a la misma limitación a los extranjeros que la Federación Americana había impuesto en 1930, el futbolista tuvo que emigrar una vez más: decidió volver a Italia, y como hemos señalado, no como entrenador, lo que también habría sido permitido por la nueva normativa vigente, sino como jugador, ya que las crónicas indican su presencia en la Mitropa. Al parecer, Nehadoma, una vez de vuelta en Italia, contó con la ayuda de alguien, probablemente un empleado de las oficinas de registro de Pistoia, o un personaje de un nivel aún más alto, alguien que tenía el poder de cambiar o incluso borrar sus documentos y volver a crearlos desde cero. Pero aún más sensacional fue el hecho de que el exdelantero se quedara en Italia para entrenar incluso después de la promulgación de las leyes raciales, primero en el Triestina, donde sustituyó a Konrád durante un breve período, y después en el Módena. Aquí continuaría su carrera ganando dos campeonatos de la segunda división[143] e instruyendo a un prometedor portero, el joven Sentimenti IV, en los lanzamientos de penaltis. El asunto, a pesar de ser discutido tanto en Italia como en Hungría, sigue presentando varias sombras.

Checoslovaquia también tuvo su Erberto Levi: Josef Laufer, una figura que hemos conocido en un par de ocasiones, se encontró en la misma situación que Levi en el momento de la invasión alemana de Praga. Ya no pudo comentar los partidos en la radio —trabajaba principalmente como locutor— ni figurar en las filas de la directiva de su club, el Slavia. Laufer se quedó sin trabajo y sin ingresos durante unos meses, hasta que recibió la ayuda de Karel Herites, un antiguo árbitro internacional al que había conocido en los años 20. Herites le ofreció un trabajo como agente de seguros y Laufer aceptó, pero luego, debido al endurecimiento de las leyes raciales, tuvo que marcharse. También se vio obligado a separarse de su esposa, ya que los matrimonios mixtos estaban prohibidos. La pareja consiguió eludir la prohibición con una treta: fingieron haber roto. La esposa siguió viviendo en su piso de la calle Školská mientras Laufer se trasladaba al barrio de Vinohrady. Los dos se reunían a primera hora de la tarde, el mejor momento del día, ya que coincidía con la franja horaria en la que la Gestapo temía hacer incursiones en Praga. Durante una de estas visitas, Laufer fue descubierto, pero la fortuna le sonrió por una vez: poco después se anunció un ataque a la ciudad y la policía alemana abandonó el caso. Durante el conflicto, Laufer encontró la manera de escuchar y transmitir las noticias de las emisoras de radio extranjeras, aunque solo podía utilizar el aparato —su mayor pasión—

---

143   En las temporadas 1937/38 y 1942/43. Entre medias, Nehadoma también ganó un campeonato de la Serie C con el Spezia.

como oyente. Uno de ellos, Otakar Havel, al que Laufer conocía desde hacía años, había escrito un artículo en la revista Árijský boj —Lucha Aria— en el que atacaba a Laufer y su obra. El locutor sobrevivió a la guerra, volvió a su profesión y se dedicó durante meses a desmentir las calumnias que habían circulado sobre él: una de las más populares era que el locutor se había suicidado saltando desde el sexto piso del edificio donde trabajaba. Según Zápotocký, Laufer, cuya fama no le permitió pasar desapercibido, sobrevivió gracias a la ayuda de algunos miembros destacados del Slavia, uno de los cuales era Josef Bican. Se dice que Bican se puso en contacto con Gramlich, con quien había mantenido buenas relaciones, y este puso a los dirigentes del Slavia en contacto con un grupo de hombres de las SS encargados de deportar a los judíos. Para asegurar que el "caso Laufer" fuera tratado con cuidado, se llenaron varios ataúdes con dinero y todo tipo de bienes para las SS. Bican, además de contribuir económicamente a la operación, actuó como garante del negocio, siendo el enlace entre Gramlich y los nazis. Zápotocký y Bican se reunieron varias veces al final de la guerra, y se dice que Bican le confió al historiador que estaba muy decepcionado porque Laufer nunca le dio las gracias.

Káďa, el glorioso capitán de Sparta, también estaba en Praga cuando los nazis invadieron la capital. Las fuerzas de ocupación comenzaron a colaborar con una célula colaboracionista local, la Liga Checoslovaca, para reclutar adeptos. Intentaron convencerlos presentándose como una barrera contra el peligro bolchevique. Káďa recibió un día una llamada telefónica en la que se le instaba a unirse a este grupo, pero el exjugador, tal y como relata el periodista checoslovaco František Steiner en su libro Co jsem zapomnel napsat —Lo que olvidé escribir— nunca firmó ningún documento. Cuando los tanques soviéticos entraron en Praga unos años después, alguien en Namesti Republiky, la Plaza de la República, gritó: "¡Mira, Káďa está aquí! Es un enemigo del bolchevismo". El futbolista fue inmediatamente identificado, llevado al cuartel y maltratado durante unas horas. Pero ese mismo día fue puesto en libertad: nadie había sido capaz de encontrar el documento fantasma que debía probar la afiliación de Káďa a la célula colaboracionista. El excampeón, que nada más colgar las botas se metió en política, no solo no recibió una disculpa oficial, sino que ni siquiera se le permitió volver al parlamento y vio cómo se le reducía la pensión a la mitad.

En Austria dos clubes fueron los más afectados: el Austria Viena y el Hakoah. Emanuel Schwarz, uno de los presidentes más exitosos de la época, ya que el Austria Viena había ganado dos veces la Mitropa bajo su dirección, se marchó en mayo de 1939 a Bologna con la ayuda de la FIGC, pero luego, debido al deterioro de la situación en Italia, tuvo que volver a hacer las maletas. Gracias a Jules Rimet, consiguió un visado para Francia. Pasó un tiempo en Grenoble, donde pudo trabajar como médico deportivo antes de la llegada de los nazis. Schwarz pasó los años de la guerra escondido hasta que fue capturado en 1944 y llevado a un campo de prisioneros. Aquí fue sometido a todo tipo de maltratos, especialmente por el jefe del campo, un austriaco, que inexplica-

blemente abrió la puerta una noche y le permitió escapar[144]. Schwarz pudo refugiarse en París gracias a Friedrich Donnenfeld, un antiguo futbolista del Hakoah que había huido a Francia y se había unido a una célula partisana. Al final de la guerra volvería a su papel de presidente del club vienés.

Una historia similar fue la de Rudolf Mütz. Era el presidente de la empresa austriaca Admira, ganadora de varias guerras, y había decidido abandonar el país después de que la empresa para la que trabajaba como director, Hermann Pollack & Söhne, fuera arianizada. Mütz procedía de una familia judía y el hecho de que se hubiera convertido al catolicismo en 1900 no supuso ninguna diferencia para los nazis. Así que huyó a Yugoslavia, el destino elegido también por Josef Gerö, antiguo presidente de la Asociación Austriaca de Fútbol, y Robert Lang, que había entrenado al Austria Viena años antes. Para ello, Mütz pagó la enorme suma de 47 000 francos suizos. Había pagado el llamado Reichsfluchtsteuer, un impuesto impagable que permitía a los ciudadanos alemanes/austriacos abandonar el Reich. Pero en Yugoslavia, tras la invasión alemana, los tres serían capturados. Gerö, enviado a Dachau, sería liberado tras un breve encarcelamiento a instancias, al parecer, de un dirigente de la Federación Italiana, mientras que tanto Lang como Mütz serían asesinados. Al final de la guerra, cuando la Copa Internacional fue exhumada, el comité decidió rebautizar la última edición como Copa Gerö.

En Budapest, a pesar de las leyes antisemitas promulgadas en los años de entreguerras, los judíos húngaros podían considerarse relativamente seguros: la alianza entre Hitler y Horthy había garantizado que Hungría permaneciera indemne a la invasión alemana. Pero la Segunda Ley Antijudía, aprobada en 1939, supuso que muchos de los judíos de los distintos equipos de Budapest tuvieran que dejar pronto sus puestos. La ley estipulaba que ya no era posible contratar a judíos y que la presencia judía en la MLSZ, la Federación Húngara de Fútbol, no podía superar el 12%. Algunos decidieron quedarse, mientras que otros, ante la creciente presión, prefirieron marcharse. Este fue el caso del MTK[145], un club históricamente asociado a la comunidad judía local, el 8 de julio de 1940: Alfréd Brüll[146], presidente del club, había decidido dimitir voluntariamente. De este modo, habría permitido a los altos cargos de su club continuar con sus actividades. Pero los demás directivos, entre ellos Henrik Fodor, que como hemos visto también había sido el representante de la federación húngara en las reuniones del comité de Mitropa, decidieron no continuar y el MTK fue desmantelado al año siguiente. La decisión fue tomada por Pál Gidófalvy, el nuevo presidente del MLSZ, cuyo odio hacia los judíos se había manifestado en varias ocasiones.

---

144   Al final de la guerra, Schwarz se esforzó por localizar al guardián que le había permitido escapar, pero ese personaje nunca fue nombrado.

145   Ese mismo año el club, que había sido rebautizado como Hungária entre 1926 y 1940, recuperó su nombre original de MTK.

146   Brüll fue supuestamente asesinado en Auschwitz en 1944.

La situación se deterioró aún más unos años más tarde: el 19 de marzo de 1944, después de que Horthy buscara un armisticio con la Unión Soviética, la Wehrmacht entró en Hungría. Había permitido que el partido del exalmirante permaneciera en el gobierno siempre que nombrara a un primer ministro que fuera del agrado de Hitler y estuviera dispuesto a colaborar con el Reich. Entre los futbolistas y entrenadores judíos que se encontraban en Budapest en aquella época estaba Béla Guttmann. Durante muchos años se pensó que Guttmann se había refugiado en Suiza, pero recientes investigaciones, recogidas por David Bolchover en su magnífica obra The Greatest Combeack, han revelado una versión totalmente distinta. En 1944, Guttmann estuvo en Budapest, concretamente en Újpest. En 1939 tuvo que dejar su función de entrenador, pero gracias a Lipót Aschner, presidente del club, se le asignó un papel entre bastidores: debía ver los partidos de los Lilák y dar su informe a la alta dirección del club. El día de la invasión alemana estaba en Nagyvárad y en el descanso fue informado de lo que ocurría en Budapest. El entrenador se dio cuenta enseguida de que los problemas no habían hecho más que empezar y, por suerte, encontró refugio en un ático propiedad de la familia Moldoványi, la familia de su compañera Marianne. El escondite era seguro y nunca fue registrado. La única vez que Guttmann se arriesgó a ser descubierto fue durante una escapada —un riesgo que el entrenador corría a menudo— en la ciudad: fue detenido, interrogado y luego, afortunadamente, liberado. Ese episodio le habría hecho ser más precavido. Pero Guttmann no estaba nada seguro: el hambre acechaba y necesitaba una solución para sobrevivir a la falta de alimentos. Así que, entre junio y julio de 1944[147], aceptó la llamada a filas del ejército: los varones judíos de entre 18 y 48 años fueron llamados a filas para el servicio en la ciudad. Permanecerían en Budapest durante algún tiempo y luego serían trasladados a Vác, una pequeña ciudad no muy lejana. El motivo era que en el campo Guttmann recibiría comida y alojamiento. Pero el 15 de octubre de 1944, las Cruces Flechadas de Ferenc Szálasi, un partido ultranacionalista descrito como aún más feroz que las SS, tomó el poder y la situación llegó a un punto crítico: comenzaron las deportaciones a los campos de exterminio. En diciembre de 1944, Guttmann y algunos de sus compañeros de trabajo fueron hacinados en uno de los edificios donde realizaban sus servicios mientras esperaban para salir hacia Auschwitz. Uno de los compañeros era un viejo amigo, otra cara destacada del fútbol europeo de aquellos años: Ernő Egri Erbstein. Guttmann, Erbstein y otros tres desgraciados se reunieron en el interior del edificio y planearon su huida: saltaron desde el primer piso del edificio y, tras separarse, corrieron como locos para escapar de un destino que parecía condenado. El propio Guttmann relató el curso de los acontecimientos: dijo que en los días previos al suceso, los cinco habían planeado su huida hasta el último detalle. Se habían informado de las horas del cambio de guardia

---

147   La llamada a filas tuvo lugar en junio, pero no está claro cuándo se presentó Guttmann al servicio.

y habían suavizado el terreno por el que iban a saltar. Al final del conflicto, se dice que el técnico pasó lo que quedaba de guerra escondido por "gente muy amable". La teoría más aceptada es que Guttmann se había refugiado de nuevo en el ático de los Moldoványi.

Poco después de que las Cruces Flechadas tomaran posesión del país, surgieron en Budapest varias células de resistencia, entre las que se encontraban algunas de las caras más importantes del fútbol. Entre ellos se encontraban Béla Jánosi, que había dirigido a los Bocskai en una de las dos participaciones del club en la Mitropa, István Tóth, el entrenador del Ferencváros que ganó en 1928, y Géza Kertész, antiguo entrenador de varios equipos italianos que posteriormente se incorporó al Újpest, así como otros nombres famosos como Imre Schlosser y Karoly Fógl. Tóth y Kertész se reunieron en un grupo llamado Dallam, o en algunos casos Mallad, formado por una docena de personas. La principal tarea de Dallam era proteger a los judíos y a los comunistas de la persecución, tratando de ocultarlos o proporcionándoles documentos falsos. Sin embargo, la organización fue descubierta y desmantelada de la forma más estúpida: una noche, un miembro de la organización, un tal Pál Kovács, invitó a Kertész a su casa y ambos le contaron a una tal Mari Bényi, una prostituta a la que Kovács visitaba con frecuencia, sus actividades de apoyo a los aliados. La mujer decidió informar a su proxeneta, un tal Gabor Dósa, y a los pocos días tanto Kertész como Tóth fueron sacados de sus casas y enviados a la prisión de Fő utca, pero luego, a causa del bombardeo, fueron trasladados primero al edificio del Parlamento y luego a los sótanos del Ministerio del Interior en el Castillo de Buda. El 6 de febrero de 1945, cinco días antes de la liberación de Budapest y después de días y días de tortura, los dos fueron asesinados por las balas de las SS. Tóth podría haber escapado a este trágico destino solo unos meses antes: como contó su hijo al final de la guerra, al entrenador le habían ofrecido un puesto en Sudamérica, pero la familia, encabezada por su hijo, había decidido quedarse en Budapest. Tóth hijo llevaría esta carga durante el resto de su vida.

Ferenc Langfelder, el presidente del Újpest que, al igual que Emanuel Schwarz, había ganado la Mitropa en dos ocasiones, también fue víctima de las Cruces Flechadas. Como ocurría a menudo en 1944, en un momento en que la guerra empeoraba para las potencias del Eje, los judíos húngaros y los opositores políticos fueron asesinados en el acto. Langfelder se fue en 1944 y el mundo del fútbol centroeuropeo se despidió de otro de sus rostros más emblemáticos.

¿QUÉ PASÓ CON LA MITROPA?

La Copa Mitropa dejó de existir formalmente en 1940. Sin embargo, oficialmente fue resucitada provisionalmente bajo el nombre de Zentropa en 1951[148] y luego revivida a partir de 1955 como un torneo reservado a los equipos mejor clasificados de una serie de ligas europeas que habían caído en el olvido, y a las mejores terceras y cuartas fuerzas de las demás ligas, las que no lograron clasificarse para la recién creada Copa de Campeones. A partir de 1980, la competición se convertiría en una competición para los ganadores de las ligas de segunda división, una especie de Copa de Campeones de segunda categoría. Lo cierto es que la competición había perdido su atractivo original y su importancia había disminuido junto con la de las federaciones que la habían fundado. La hegemonía del fútbol centroeuropeo, adjetivo cuyo significado es muy diferente hoy en día, a nivel continental estaba llegando a su fin, y el Aranycsapat, el Equipo de Oro, es decir, la Hungría de Ferenc Puskás, era el canto del cisne de un movimiento deportivo que se extinguió con la represión de la Revolución húngara por los tanques soviéticos. Ocurrió el 10 de noviembre de 1956 y coincidió con la huida de algunos de los principales talentos de la época a las costas futbolísticas más deseadas de Europa Occidental. Las heridas supurantes de la Segunda Guerra Mundial tardarían años en cicatrizar, y las relaciones deportivas se resentirían. Sin embargo, conscientes de la atracción que el fútbol internacional había ejercido en los años anteriores, y conscientes del éxito deportivo y económico de la Mitropa, varias federaciones cuyas relaciones habían permanecido inalteradas o se habían reagrupado con bastante rapidez decidieron crear la Copa Latina, un minitorneo creado en 1949 —duraba unos días, se organizaba en uno de los países participantes y, al igual que Mitropa, se celebraba una vez finalizados los campeonatos— y abierto a los clubes campeones de Italia, Francia, Portugal y España. La presencia de los principales equipos ibéricos y franceses era una primicia, pero también significaba algo más: los tiempos estaban cambiando y con ellos las jerarquías del fútbol, primero en el continente y luego, décadas después, a nivel mun-

---

148   La edición, restringida a solo cuatro participantes, fue ganada por el Rapid.

dial. La primera edición de la Copa Latina se anunció el 6 de enero de 1949, y los periódicos de toda Europa lo dejaron claro: el Grande Torino, ya ganador de cinco campeonatos italianos en la década de 1940, era el favorito indiscutible. Pero la tragedia de Superga, ocurrida menos de dos meses antes del inicio del evento, cambió el curso de la historia. El fútbol italiano dijo adiós a su mejor alineación, un once que en aquellos años coincidía en casi todo con el de la selección italiana. Ernő Egri Erbstein, arquitecto del Grande Torino, compañero de Béla Guttmann, y antiguo entrenador del equipo piamontés antes de la entrada en vigor de las Leyes Raciales, murió en el accidente. La competición duró ocho ediciones y luego, en 1955, se interrumpió, también víctima de la creciente popularidad de la Copa de Campeones. Esta última, mucho más inclusiva y atractiva, estaba abierta a todas las grandes federaciones europeas, admitía a los primeros clasificados de sus respectivas ligas y se jugaba durante toda la temporada.

La Copa de Campeones nació como resultado de la experiencia previa de Mitropa y también gracias a un curioso episodio: al final de la temporada 1953/54, el Wolverhampton se había convertido en campeón de Inglaterra y había decidido invitar a algunos equipos a disputar partidos amistosos. Los británicos derrotaron al Celtic, al Racing Club de Avellaneda, al Spartak de Moscú y al Maccabi de Tel Aviv, por orden cronológico. El último obstáculo —una especie de prueba de fuego— era el Honvéd, uno de los equipos más fuertes del mundo, cuyo líder era un Puskás en su mejor momento. No sin algunas artimañas y un poco de ayuda —los ingleses empaparon deliberadamente el terreno de juego durante el descanso para impedir el proverbial regateo de los húngaros y, con 2-0 a favor de los visitantes, el árbitro concedió un penalti a favor del Wolverhampton que parecía claramente inexistente—, los locales ganaron por 3-2 y el Daily Mail, una de las muchas publicaciones que celebraron ese éxito, proclamó a los ingleses "campeones del mundo". En respuesta, la revista francesa L'Equipe respondió: "Antes de declarar a los Wolves campeones del mundo, que jueguen en Moscú y Budapest". La idea de revivir un trofeo reservado a las mejores fuerzas del continente tomaría forma menos de un año después.

El hecho de que se celebrara durante y no al final de la temporada era solo una de las muchas diferencias con la Mitropa. La Mitropa siempre se había caracterizado por un gran equilibrio: ningún equipo había levantado el trofeo dos veces seguidas, ninguno más de dos y las cuatro principales federaciones implicadas se habían repartido los éxitos más o menos a partes iguales. Este equilibrio de poder se debió a una serie de factores, entre ellos un mercado futbolístico incipiente y una diferencia financiera relativamente pequeña entre los clubes participantes. Varias de las mencionadas estrellas del fútbol europeo, como Wesely, Káďa, Meazza, Sindelar y Sárosi, nunca salieron de su país y todos se convirtieron en buques insignia de sus respectivos clubes. Dejar un club de primera fila por otro no se consideraba especialmente atractivo ni conveniente: la diferencia entre lo que podía ofrecer un club y otro a nivel contractual era escasa y, con la excepción de Italia, dejar uno de los principales clubes húngaros, austriacos o checoslovacos por uno del mismo país significaba inevitablemente ir a uno de los rivales acérrimos de tu capital y arriesgarte a ser linchado por tus antiguos aficionados. En el Milan, este caso se dio con Giuseppe Meazza: Meazza, víctima de una grave lesión en el pie durante la temporada 1938/39, estuvo más de un año de baja antes de fichar por el Milano[149]. Pero hay que tener en cuenta que en aquella época el Milano no era uno de los principales equipos italianos o europeos: la llegada de Meazza al lado opuesto del Naviglio se debió al deseo del chico de volver a los terrenos de juego, aunque fuera entre las filas de un equipo menos blasonado. El único traspaso llamativo que se produjo en este período de tiempo y que tuvo repercusión en el evento fue el de Bican de Admira a Slavia[150], pero este fue más único que raro.

Esta tendencia cambiaría drásticamente con el paso de las décadas, y luego, desde la sentencia Bosman en 1995, se eliminaría cualquier restricción a la compra o venta de jugadores extranjeros. Esto permitiría a los clubes más ricos adquirir los talentos internacionales más codiciados, despojando de hecho a los clubes menos pudientes de sus mejores recursos. También fue el momento en el que se crearía una importante brecha entre el fútbol del Viejo Mundo y el sudamericano.

Otras innovaciones fueron de carácter táctico: el Método, el sistema dominante entre las dos guerras que contemplaba solo dos defensas, desapareció por completo o en favor de una versión más moderna del sistema —un módulo con tres defensas en boga sobre todo en los años 50—, o de una defensa de cuatro hombres que, como relata Niccolò Mello en su espléndido libro Stelle di David, fue una de las señas de identidad de Guttmann, primero en el Sao Paulo y luego en el Benfica, o del emergente Catenaccio, un módulo que hizo fortuna tanto en el Milan de Rocco como en el Inter de Herrera.

El año 1955, el de la fundación de la Copa de Europa, coincidió también con el inicio del primer ciclo ganador de un equipo europeo, algo que Mitropa nunca había conocido: el Real Madrid levantó la Copa durante cinco años consecutivos y, tras el ciclo de los blancos, otros clubes ganarían el trofeo al menos dos veces seguidas. Este fue el caso, entre otros, de Guttmann: el técnico húngaro ganó dos veces la Copa de Europa con el Benfica, y se convirtió en el único entrenador de la historia en ganar tanto la Mitropa como la Copa de Europa. Otras rachas de victorias de al menos dos años las conseguirían el Inter de Milán, el Ajax, el Bayern de Múnich, el Liverpool, el Nottingham, el Milan y, más recientemente, de nuevo el Real Madrid.

---

149   El nombre adoptado provisionalmente por el Milan en 1939.

150   No he mencionado deliberadamente a Braine: el traspaso del delantero al Sparta se produjo en circunstancias diferentes, ya que el jugador procedía de una liga amateur y la federación belga no participaba en Mitropa.

Pero, ¿había desaparecido realmente la esencia del fútbol danubiano? No del todo. Los artífices de algunos de los mejores equipos del continente en los años posteriores a la Segunda Guerra Mundial nacieron bajo el Imperio Austrohúngaro o poco después de su disolución. Todos habían crecido en la misma cultura deportiva, no pocos de ellos habían dado sus primeros pasos en el período de entreguerras, y muchos de ellos recuperarían la filosofía de juego de pases del fútbol centroeuropeo. De hecho, se cree que el Tiki Taka de Guardiola en Barcelona es la evolución definitiva de lo que se había observado en los años anteriores en Austria, Hungría y Checoslovaquia. Algunos entrenadores centroeuropeos que tuvieron un impacto importante en el evento fueron Ernst Happel; Elek Schwartz; el propio Ferenc Puskás, que llevó al Panathinaikos a la única final europea de la historia de un equipo griego; Stefan Kovács, considerado por muchos como el verdadero artífice del fútbol total del Gran Ajax de los años 70; Čestmír Vycpálek, que llevó a la Juventus a una final contra Kovács en 1973; y Pál Csernai, finalista con el Bayern de Múnich en 1982. No pocos en relación con el peso irrisorio del fútbol del que proceden.

ESTADÍSTICAS DE LAS FINALES DE 1927 A 1939

1927

Sparta de Praga - Rapid Viena 6-2

- Praga, 30 de octubre de 1927. Espectadores: 25 000. Árbitro: Van Praag (Bélgica).

Alineaciones:

- SPARTA PRAGA: Hochmann; Burgr, Perner; Kolenatý, Káďa (c), Hajný; Patek , Šima, Myclik, Silný, Horejs.
- Entrenador: Špindler.
- RAPID VIENA: Feigl; Czeyka, Jellinek; Madlmayer, Smistik, Nitsch(c) ; Wondrak, Wesely, Kuthan, Horvath, Weselik.
- Entrenador: Bauer.
- Goleadores: Káďa 1', Šima 14', Weselik 15', Silný 33', Wesely (pen.) 34', Patek 62', Silný 76', Patek 78'.

Rapid Viena - Sparta de Praga 2-1

- Viena, 13 de noviembre de 1927. Espectadores: 40 000. Árbitro: Eymers (Holanda).

Alineaciones:

- RAPID VIENA: Feigl; Schramseis, Nitsch (c); Richter, Smistik, Madlmayer; Bauer, Horvath, Weselik, Luef, Wesely. Entrenador: Bauer.
- SPARTA PRAGA: Hochmann; Burgr, Perner; Kolenatý, Káďa (c), Hajný; Patek, Šima, Myclik, Silný, Horejs. Entrenador: Špindler.
- Goleadores: Weselik 5', Luef 55', Silný 82'.

1928

Ferencváros - Rapid Viena 7-1

- Budapest, 28 de octubre de 1928. Espectadores: 20 000. Árbitro: Carraro (Italia).

Alineaciones:

- FERENCVÁROS: Amsel; Takács I, Hungler (c); Furmann, Bukovi, Berkessy; Koszta, Takács II, Turay, Sedláček, Kohut. Entrenador: Tóth.

- RAPID VIENA: Hribar; Schramseis, Kral; Frühwirth, Smistik, Madlmeyer; Kirbes, Weselik, Hoffmann, Horvath, Wesely (c). Entrenador: Bauer.

- Goleadores: Sedláček 15', Takács II 18', Sedláček 20', Kohut 56', Kohut 58', Takács II 64', Takács II 76', Horvat 85'.

Rapid Viena - Ferencváros 5-3

- Viena, 11 de noviembre de 1928. Espectadores: 20 000. Árbitro: Carraro (Italia).

Alineaciones:

- RAPID VIENA: Hribar; Schramseis, Witschel; Frühwirth, Hoffmann, Madlmeyer; Kirbes, Weselik, Hoffmann, Horvath, Wesely (c). Entrenador: Bauer.

- FERENCVÁROS: Amsel; Takács I, Hungler (c); Furmann, Bukovi, Berkessy; Koszta, Takács II, Turay, Sedláček, Kohut. Entrenador: Tóth.

- Goleadores: Kirbes 5', Kirbes 22', Kohut 33', Turay 36', Wesely 37', Weselik 50', Wesely 53', Sedláček 79'.

1929

Újpest - Slavia Praga 5-1

- Budapest, 3 de noviembre de 1929. Espectadores: 18 000. Árbitro: Braun (Austria).

Alineaciones:

- ÚJPEST: Aknai-Acht; Kövagö, Fogl III (c); Borsányi, Köves, Wilhelm; Ströck, Avar, Mészáros, Spitz, Szabó. Entrenador: Bányai.

- SLAVIA PRAGA: Pláníčka; Ženíšek, Novak; Vodička, Pleticha (c), Čipera; Junek, Joska, Svoboda, Puč, Kratochvíl. Entrenador: Madden.

- Goleadores: Spitz 42', Puc 44', Avar 60', Ströck 67', Spitz 69', Szabó 80'.

Slavia Praga - Újpest 2-2

- Praga, 17 de noviembre de 1929. Espectadores: 22 000. Árbitro: Braun (Austria).

Alineaciones:

- SLAVIA PRAGA: Plánička; Ženíšek, Novák; Vodička, Pleticha (c), Čipera; Junek, Joska, Svoboda, Puč, Kratochvíl. Entrenador: Madden.

- ÚJPEST: Aknai-Acht; Kövagö, Fogl III (c); Borsányi, Köves, Wilhelm; Ströck, Avar, Mészáros, Spitz, Szabö. Entrenador: Bányai.

- Goleadores: Junek 28', Kratochvíl (pen.) 57', Szabó 84', Avar 86'.

1930

Sparta Praga - Rapid Viena 0-2

- Praga, 2 de noviembre de 1930. Espectadores: 25 000. Árbitro: Hansen (Dinamarca).

Alineaciones:

- SPARTA PRAGA: Bêlík; Burgr, Hojer; Madelon, Káďa (c), Srbek; Patek, Košťálek, Braine, Silný, Hejma. Entrenador: Dick.

- RAPID VIENA: Bugala; Schramseis, Cejka; Rappan, Smistik, Vana; Kirbes, Weselik, Kaburek, Luef, Wesely (c). Entrenador: Bauer.

- Goleadores: Luef 9', Wesely 57'.

Rapid Viena - Sparta Praga 2-3

- Viena, 12 de noviembre de 1930. Espectadores: 40 000. Árbitro: Hansen.

Alineaciones:

- RAPID VIENA: Bugala; Schramseis, Cejka; Rappan, Smistik, Vana; Kirbes, Weselik, Kaburek, Luef, Wesely (c). Entrenador: Bauer.

- SPARTA PRAGA: Bêlík; Burgr, Čtyřoký; Madelon, Káďa (c), Srbek; Podrazil, Košťálek, Braine, Silný, Hejma. Entrenador: Dick.

- Goleadores: Kaburek 17', Košťálek 25', Košťálek 27', J.Smistik 67', Košťálek 87'.

1931

First Viena - Wiener AC 3-2

- Zúrich, 8 de noviembre de 1931. Espectadores: 16 000. Árbitro: Mattea (Italia).

Alineaciones:

- FIRST VIENA: Horeschovsky; Rainer, Blum (c); Schmaus, Hoffmann, Machu; Brosenbauer, Adelbrecht, Gschweidl, Tögel, Erdl. Entrenador: Frithum.

- WIENER AC: Hiden; Becher, Sesta; Braun, Löwinger, Kubesch; Cisar, Müller, Hiltl, Hanke, Huber (c). Entrenador: Geyer.

- Goleadores: Hanke 2', Müller 22', Tögel 30', Adelbrecht 63', Becher (gol en propia puerta) 87'.

Wiener AC - First Vienna 1-2

- Viena, 12 noviembre de 1931. Espectadores: 25 000. Árbitro: Barlassina (Italia).

Alineaciones:

- WIENER AC: Hiden; Becher, Sesta; Braun, Löwinger, Kubesch; Morocutti, Müller, Hiltl, Hanke, Huber (c). Entrenador: Geyer.

- FIRST VIENA: Horeschovsky; Rainer, Blum (c); Schmaus, Hofmann, Machu; Brosenbauer, Adelbrecht, Gschweidl, Tögel, Erdl. Entrenador: Frithum.

- Goleadores: Erdl 6', Erdl 41', Hanke 65'.

1932

- El Bologna fue declarado campeón el 7 de noviembre de 1932 tras la descalificación de la Juventus y el Slavia de Praga, por lo que la final no se disputó.

1933

Ambrosiana - Austria Viena 2-1

- Milán, 3 de septiembre de 1933. Espectadores: 22 000. Árbitro: Klug (Hungría).

Alineaciones:

- AMBROSIANA: Ceresoli; Agosteo, Allemandi; Pitto, Faccio, Castellazzi; Frione, De Manzano, Meazza (c), Demaría, Levratto. Entrenador: Weisz.
- AUSTRIA VIENA: Billich; Graf, Nausch (c); Najemnik, Mock, Gall; Molzer, Stroh, Sindelar, Specht, Viertl. Entrenador: Blum.
- Goleadores: Meazza 40', Levratto 41', Spechtl 77'.

Austria Viena - Ambrosiana 3-1

- Viena, 8 de septiembre de 1933. Espectadores: 58 000. Árbitro: Cejnar (Checoslovaquia).

Alineaciones:

- AUSTRIA VIENA: Billich; Graf, Nausch (c); Najemnik, Mock, Adamek; Molzer, Stroh, Sindelar, Jerusalem, Viertl. Entrenador: Blum.
- AMBROSIANA: Ceresoli; Agosteo, Allemandi; Pitto, Viani, Faccio; Frione, Serantoni, Meazza (c), Castellazzi, Demaría. Entrenador: Weisz.
- Goleadores: Sindelar (pen.) 45', Sindelar 80', Meazza 85', Sindelar 88'.
- (NOTA: Demaría y Allemandi fueron expulsados en los minutos 75 y 77)

1934

Admira Viena - Bologna 3-2

- Viena, 5 de septiembre de 1934. Espectadores: 45 000. Árbitro: Walden (Inglaterra).

Alineaciones:

ADMIRA VIENA: Platzer; Pavlicek, Janda; Urbanek, Humenberger, Mirschitzka; Sigl (c), Hahnemann, Stoiber, Schall, Vogl.

- Entrenador: Skolaut.

- BOLOGNA: Gianni; Monzeglio, Gasperi; Montesanto (c), Donati, Corsi; Maini, Sansone, Spivach, Fedullo, Reguzzoni. Entrenador: Kovács.

- Goleadores: Spivach 7', Reguzzoni 25', Stoiber 56', A. Vogl 58', Schall 60'.

Bologna - Admira Viena 5-1

- Bolonia, 9 de septiembre de 1934. Espectadores: 201 000. Árbitro: Jewell.

Alineaciones:

- BOLOGNA: Gianni; Monzeglio, Gasperi; Montesanto, Donati, Corsi; Maini, Sansone, Schiavio (c), Fedullo, Reguzzoni. Entrenador: Kovács.

- ADMIRA VIENA: Platzer; Pavlicek, Janda; Urbanek, Humenberger, Mirschitzka; Durspekt, Hahnemann, L. Vogl, Stoiber, A. Vogl (c). Entrenador: Skolaut.

- Goleadores: Maini 21', A. Vogl (pen.) 32', Reguzzoni 33', Reguzzoni 40', Fedullo 84', Reguzzoni 88'.

1935

Ferencváros - Sparta Praga 2-1

- Budapest, 8 de septiembre de 1935. Espectadores: 30 000. Árbitro: Walden.

Alineaciones:

- FERENCVÁROS: Háda; Polgár, Korányi; Mikes, Móré, Bán; Táncos, Kiss, Sárosi I (c), Toldi, Kemény. Entrenador: Blum.

- SPARTA PRAGA: Klenovec; Burgr (c), Čtyřoký; Košťálek, Boućek, Srbek; Faczinek, Zajíček, Braine, Nejedlý, Kalocsay. Entrenador: Sedláček.

- Goleadores: Toldi 16', Kiss 27', Braine 71'.

Sparta de Praga - Ferencváros 3-0

- Praga, 15 de septiembre de 1935. Espectadores: 56 000. Árbitro: Fogg.

Alineaciones:

- SPARTA PRAGA: Klenovec; Burgr (c), Čtyřoký; Košťálek, Boućek, Srbek; Faczinek, Zajíček, Braine, Nejedlý, Kalocsay. Entrenador: Sedláček.

- FERENCVÁROS: ; Háda; Polgár, Korányi; Mikes, Móré, Bán; Táncos, Kiss, Sárosi I (c), Toldi, Kemény. Entrenador: Blum.

- Goleadores: Faczinek 26', Braine 34', Braine 69'.

1936

Austria Viena - Sparta de Praga 0-0

- Viena, 6 de septiembre de 1936. Espectadores: 41 600. Árbitro: Scarpi (Italia).

Alineaciones:

- AUSTRIA VIENA: Zöhrer; Andritz, Sesta; Adamek, Mock, Nausch (c); Riegler, Stroh, Sindelar, Jerusalem, Viertl. Entrenador: Konrád.

- SPARTA PRAGA: Klenovec; Burgr (c), Čtyřoký; Košťálek, Bouček, Rado; Faczinek, Zajíček, Braine, Nejedlý, Kalocsay. Entrenador: Sedláček.

Sparta de Praga - Austria Viena 0-1

- Praga, 13 de septiembre de 1936. Espectadores: 60 000. Árbitro: Barlassina (Italia).

Alineaciones:

- SPARTA PRAGA: Klenovec; Burgr (c), Čtyřoký; Košťálek, Bouček, Srbek; Faczinek, Zajíček, Braine, Nejedlý, Kalocsay. Entrenador: Sedláček.

- AUSTRIA VIENA: Zöhrer; Andritz, Sesta; Adamek, Mock, Nausch (c); Riegler, Stroh, Sindelar, Jerusalem, Viertl. Entrenador: Konrád.

- Goleadores: Jerusalem 67'.

1937

Ferencváros - Lazio 4-2

- Budapest, 12 de septiembre de 1937. Espectadores: 32 000. Árbitro Krist (Checoslovaquia).

Alineaciones:

- FERENCVÁROS: Háda; Tátrai, Korányi; Magda, Polgár, Székely; Táncos, Kiss, Dr. Sárosi (c), Toldi, Kemény. Entrenador: Rauchmaul.

- LAZIO: Blason; Zacconi, Monza; Baldo, Viani, Milano; Busani, Marchini, Piola (c), Camolese, Costa. Entrenador: Violak.

- Goleadores: Toldi 20', Busani 26', Dr. Sárosi 53', Dr. Sárosi (pen.) 59', Piola 63', Dr. Sárosi (pen.) 72'.

Lazio - Ferencváros 4-5

- Roma, 24 de octubre de 1927. Espectadores: 15 000. Árbitro: Wüthrich (Suiza).

Alineaciones:

- LAZIO: Provera; Zacconi, Monza; Baldo, Viani, Milano; Busani, Marchini, Piola (c), Camolese, Costa. Entrenador: Violak.

- FERENCVÁROS: Háda; Tátrai, Korányi; Magda, Polgár, Lázár; Táncos, Kiss, Dr. Sárosi (c), Toldi, Kemény. Entrenador: Rauchmaul.

- Goleadores: Costa 4', Dr. Sárosi (pen.) 5', Dr. Sárosi 8', Piola 18', Piola 23', Camolese 35', Toldi 37', Lázár 71', Dr. Sárosi 80'.

1938

Slavia de Praga - Ferencváros 2-2

- Praga, 4 de septiembre de 1938. Espectadores: 45 000. Árbitro: Mee (Inglaterra).

Alineaciones:

- SLAVIA PRAGA: Bokšay; Černý, Daučík I (c); Průcha, Daučík II, Kopecký; Horák, Šimůnek, Bican, Bradáč, Vytlačil. Entrenador: Reichardt.

- FERENCVÁROS: Háda; Tátrai, Polgár; Magda, Sárosi III, Lázár;

Táncos, Kiss, Dr. Sárosi (c), Toldi, Kemény. Entrenador: Hlavay.

- Goleadores: Kemény 30', Bican 36', Šimůnek 44', Kiss 63'.

Ferencváros - Slavia Praga 0-2

- Budapest, 11 de septiembre de 1938. Espectadores: 35 000. Árbitro: Jewell (Inglaterra).

Alineaciones:

- FERENCVÁROS: Háda; Tátrai, Polgár; Magda, Sárosi III, Lázár; Táncos, Kiss, Dr. Sárosi (c), Toldi, Kemény. Entrenador: Hlavay.

- SLAVIA PRAGA: Bokšay; Černý, Daučík I (c); Průcha, Nožíř, Kopecký; Vacek, Šimůnek, Bican, Bradáč, Vytlačil. Entrenador: Reichardt.

- Goleadores: Vytlačil 57', Šimůnek 71'.

1939

Ferencváros - Újpest1 -4

- Budapest, 23 de julio de 1939. Espectadores: 12 000. Árbitro: Krist (Checoslovaquia).

Alineaciones:

- FERENCVÁROS: Háda; Tátrai, Dr. Szoyka; Magda, Sárosi III, Lázár; Táncos, Kiss, Dr. Sárosi (c), Toldi, Gyetvai. Entrenador: Hlavay.

- ÚJPEST: Sziklay; Futó (c), Fekete; Szalay, Szűcs, Balogh; Ádám, Vincze, Zsengellér, Kállai, Kocsis. Entrenador: Guttmann.

- Goleadores: Zsengellér 9', Kocsis 10', Kocsis 53', Dr. Sárosi 73', Zsengellér 74'.

Újpest - Ferencváros 2-2

- Budapest, 30 de julio de 1939. Espectadores: 15 000. Árbitro: Dattilo (Italia).

Alineaciones:

- ÚJPEST: Sziklay; Futó (c), Fekete; Szalay, Szűcs, Balogh; Ádám, Vincze, Zsengellér, Kállai, Kocsis. Entrenador: Guttmann.

- FERENCVÁROS: Pálinkás; Tátrai, Dr. Szoyka; Sárosi III, Polgár, Lázár; Bíró, Toldi, Dr. Sárosi (c), Kiszely, Gyetvai. Entrenador: Hlavay.

- Goleadores: Kiszely (pen.) 15', Kiszely 29', Ádám 54', Balogh 82'.

1940

- La final entre el Ferencváros y el Rapid Bucureşti se canceló debido a la inminente guerra.

AGRADECIMIENTOS

Mi primer agradecimiento va dirigido a dos personas, ahora dos amigos, que me han ayudado en varias ocasiones, como lo hicieron hace dos años cuando fui a Alemania y Austria a investigar para mi primer libro: Wolfgang Hafer y Georg Spitaler. Quiero agradecer a Wolfgang, nieto de Hugo Meisl y autor de una espléndida obra sobre la vida de su abuelo, la ayuda que me prestó para comprender el contexto político y organizativo que rodeó el acontecimiento, y a Georg la enorme cantidad de material que puso a mi disposición sobre el fútbol austriaco y sus protagonistas. Durante la redacción de mi libro nos consultamos a menudo y ellos, como siempre, acudieron en mi ayuda siempre que tuve dudas.

También me gustaría dar las gracias a David Bolchover. David, con quien mantengo un contacto frecuente, fue el autor de The Greatest Comeback, el hermoso libro sobre Béla Guttmann que mencioné en el texto. David me echó una gran mano para trazar las vicisitudes del fútbol húngaro de la época.

Asimismo quiero dar las gracias a Niccolò Mello y Francesco Scabar, dos autores y amigos con los que a menudo he tenido la oportunidad de hablar del fútbol de aquella época, y que me han aportado algunas ideas interesantes sobre los esquemas y las formas de juego adoptadas por los equipos implicados.

Otro sincero agradecimiento es para Mirko Trasforini. Mirko, propietario y gestor del blog archiviotimf.blogspot.com, ha sido una fuente indispensable para saber más sobre el Bologna en estos años.

Estoy igualmente agradecido a Enrico Serventi Longhi por la información que me proporcionó sobre la situación de los periodistas judíos atrapados en Italia tras las Leyes Raciales. En la bibliografía se puede encontrar un artículo que escribió hace unos años sobre el tema. Del mismo modo, agradezco a Gianna Pontecorboli su investigación sobre los emigrantes judíos en Estados Unidos después de las leyes raciales: Americordo, su hermosa obra, que pueden encontrar en la bibliografía, fue la primera en sacar a la luz la figura de Erberto Levi. Recibí más información de Alessandro Cassin, director de la editorial Centro Primo Levi, que también estaba dispuesto a apoyar mi investigación.

Quiero agradecer a mi amigo Fabio Brunetti, con quien suelo hablar de fútbol, que me haya señalado el triplete del Ferencváros en 1928, un detalle que se me había escapado.

También me gustaría dar las gracias a Laurin Rosenberg, coordinador del Rapideum, el museo del Rapid Viena, por su enorme amabilidad y ayuda.

De igual forma me gustaría agradecer a Federico Jaselli Meazza, sobrino de Giuseppe Meazza, que me haya facilitado material de su libro: Il mio nome è Giuseppe Meazza.

Asimismo, estoy muy agradecido a Marco D'Avanzo, propietario de Soccerdata, con quien discutí los datos y las estadísticas relativas a la competición, y a Yushel Ferrer, un amigo y profundo conocedor de fútbol que se ha encargado de revisar la traducción de la obra en castellano.

Mi agradecimiento final es para Béla Nagy. Nagy nos dejó en 2006, pero sus escritos sobre el Ferencváros y la epopeya de los equipos húngaros en la Copa Mitropa fueron literalmente imprescindibles.

BIBLIOGRAFÍA E ÍNDICE DE NOMBRES

SOBRE EL AUTOR

Jo Araf nació el 17 de diciembre de 1985 y siempre le ha apasionado escribir. Trabaja como docente de historia y comunicación en un instituto profesional de Milan; al mismo tiempo es dueño de una agencia de traducción y cofundador de la revista deportiva online Gameofgoals.it.

En 2019 publicó su primer libro con la editorial italiana Urbone, fue sobre el Wunderteam ya que le fascinaba la idea de combinar dos de sus mayores intereses: el fútbol y la historia. Aquel libro también ha sido publicado para el mercado británico en 2021 (editorial Pitch Publishing).